낙타의 눈물

현 대 수 필 가 1 0 0 인 선 II · 34

낙타의 눈물

허상문 수필선

수필과비평사·좋은수필사

■책머리에

수필은 누구나 부담 없이 읽고, 마음만 먹으면 직접 쓸 수도 있는 가장 친근한 문학이다. 다른 영역의 문학이 영상매체에 밀려 신음하고 있는 중에도 수필 인구만은 날로 증가하여 바야흐로 수필 전성시대를 구가하고 있는 이유도 거기에 있을 것이다.

시대적 추세에 힘입어 수많은 수필전문지, 수필동인지가 창간되고, 이에 비례하여 신진 수필가도 날로 늘어나다 보니 이제는 그 많은 작가, 그 많은 작품 중에서 문학성 높은 작품을 가려 읽는 일이 쉽지 않게 되었다. 이런 현상은 작가에게나 독자에게나 결코 바람직한 일이 아니다. 더 나아가서는 수필을 연구하는 후세들에게도 큰 부담이 될 것이다.

이런 문제를 해결하는 데는 출판인도 마땅히 한몫을 감당해야 한다는 평소의 소신에 따라, 본사가 기꺼이 그 역할을 맡기로 했다. 그 첫 번째 사업으로 시대를 대표할 만한 수필가 100인을 선정하고, 작가가 자선한 40편 내외의 작품을 수록한 문고본을 발간하여 이를 널리 보급함으로써 그 소임을 다하고자 한다.

본사는 사명감을 가지고 이 사업을 추진해 나가기로 했다. 작가 선정을 전담할 편집위원회를 구성하고 전권을 위임하여 일체의 사적인 정실이나 청탁을 배제함으로써 전문성과 공정성을 확보해 나갈 것이다.

따라서 이 기획물 속에는 작가의 문학정신뿐만 아니라, 본사의 문학사적 기여 의지와 편집위원 제위의 수필문학에 대한 애정과 문인으로서의 양심이 함께 담겨 있음을 자부한다. 다만, 작가를 선정하는 기준에는 많은 견해의 차이가 있을 수 있고, 선정 과정에서도 미처 챙기지 못한 부분이 있을 것이라는 사실만은 인정하지 않을 수 없다. 이 점에 대해서는 관계자 여러분의 양해 있으시기 바란다.

이 시리즈의 발간 순서는 작가, 또는 본사의 사정에 의한 것일 뿐 그 밖의 어떤 기준도 적용하지 않았음을 밝힌다.

본 기획물이 시대를 초월한 많은 수필 애호가들의 관심과 애정 속에 우리나라 수필문학 발전에 한 이정표가 되기를 바랄 뿐이다.

본사에서는 이상과 같은 취지로 ≪현대수필가 100인선≫ 전 100권을 완간하여 큰 반향을 불러일으킨 바 있다.

그러나 우리 수필문단의 규모나 수필문학의 수준에 비추어 선정 작가를 100인으로 한정하는 것은 형평성이나 효율성 면에서 크게 부족하다는 의견이 많았고, 본사 또한 이를 통감하던 터라 기꺼이 ≪현대수필가 100인선Ⅱ≫를 발간하기로 했다.

본사의 충정에 찬동하여 출판에 응해 주신 저자 여러분에게 진심으로 감사한다.

2014년 월 일

수필과비평사 · 좋은수필사 발행인 서정환
현대수필가 100인선 간행 편집위원 박재식 최병호
정진권 강호형
오세윤

1_부

2_부

3_부

4_부

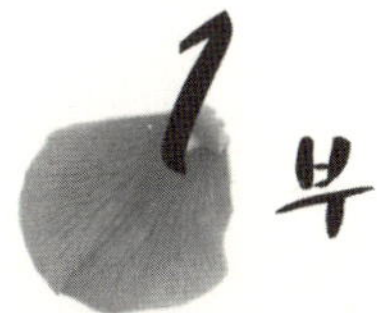

동백의 기별
돼지국밥집에서
철새는 떠나가고
낙타의 눈물
월행月行
풀무치의 죽음
죽은 시인의 사회
오리를 위한 변명

동백의 기별

동백에 대한 기억은 비장하고 엄숙하다.

어느 겨울날 남도 땅 선운사를 방문했을 때, 절 뒤편에서 하얀 눈 위에 선혈처럼 뚝뚝 떨어진 동백꽃을 바라본 적이 있다. 그 모습을 보면서 오래전 꽃 한번 피우지도 못하고 떠난 시인의 각혈이 생각났다. 평생 직업다운 직업 한번 가져보지 못한 채 오직 한 편의 좋은 시를 남기기 위해 몸부림치다 간 친구였다. 유일한 혈육이었던 어린 아들이 지켜보던 장례식 날, 마지막 생명의 햇살은 한 송이 붉은 동백꽃이 되어 떨어지고 있었다.

추사 김정희 선생이 제주 대정벌에 귀양 와서 위리안치되었을 때, 친구였던 초의선사가 그를 방문해서 아내의 타계 소식을 전해 주었다. 그때 추사적거지 오두막의 새하얀 눈밭에는 동백꽃이 아내의 붉은 눈물같이 뿌려졌다. 그 모습을 바라보며 추사는 아내에 대한 가없는 사랑과 시대의 아픔을 생각했을 것이다.

세상의 어느 꽃인들 나름의 강렬함과 비장함을 지니지 않았을까만 그중에서도 동백은 남다르다. 동백은 한겨울에도 꽃이 피기 때문에 흔히 청렴하고 절개 높은 인간의 이상적인 모습으로 비유된다. 옛 선비들은 동백을 매화와 함께 한겨울에 만날 수 있는 가까운 친구라고 치켜세우기도 하였다. 사람들은 흔히 '세한삼우歲寒三友'로 소나무 · 대나무 · 매화나무를 꼽으면서도 동백은 제외해버린다. 아무리 소나무와 대나무가 추운 겨울에도 푸름을 지녀 절개를 지킨다고 하지만 그들이 혹한에 꽃을 피울 수는 없다. 동백은 이른 봄이 아닌 한겨울에도 꽃을 피움으로써 매화보다도 더 고결한 기개를 보여준다.

지금도 출렁이는 남쪽 바다 어딘가에는 동백이 외로이 서 있다. 동백에게는 목련과 같은 우아한 자태도 장미와 같은 아름다운 향기도 없다. 모름지기 꽃은 자태가 고와야 하고 향기가 짙어야 하는 줄 알았다. 동백은 헤픈 향기로 지나가는 나그네를 유혹하지도 않고, 보는 이가 없어도 누군가를 기다리며 꼿꼿이 홀로 서 있다. 자신의 샛노란 꽃가루를 퍼뜨리기 위해서 허투루 벌과 나비를 부르지도 않고 오로지 동박새에게만 꽃가루를 준다. 칼날 같은 바닷바람에 흩날리는 짠물을 온통 뒤집어쓰며 벌벌 떨고 있지만 함부로 흐트러진 모습을 보이지도 않는다. 어떠한 유혹에도 흔들림 없이 오직 한 사람만을 기다리고 있는 모습을 바라보며, 사람들은 동백의 꽃말을 '나는 그대만을 사랑한다.'라고 지은 것인지 모른다.

한겨울의 거친 바닷바람과 백설 속에서 붉디붉은 꽃을 가득 매단 채 동백은 인고와 기다림이 무엇인지 보여준다. 동백은 오지 않을 사람을 그리워하며 기다린다. 겨울 바닷가에 동백마저 없다면 얼마나 삭막하고 황량할 것인가. 사랑하는 사람을 기다리며 울다 지쳐 빨갛게 멍든 동백꽃, 그 애련愛戀에 피멍이 들어있다. 그 슬픈 사랑을 감추겠다는 듯이 윤기 나는 도톰한 녹색의 잎 사이에 얼굴을 묻고 있다. 동백은 슬픔을 인고로 받아들이며 무언의 세월을 살아간다. 그렇지만 동백아, 너무 서러워 마라. 인생은 잠시 꾸는 슬픈 꿈과 같더라. 그리움과 기다림은 꿈속에서도 쉽사리 잡히지 않더라. 나는 동백을 바라보면서 삶에서 인고가 무엇인지 배웠다.

바다 한구석에 앉아 세한의 설중 동백을 바라보다가 문득 삶이란 어떤 순간에도 낯설고 무서운 것이라는 생각이 들었다. 동백만 그런가. 나는 그렇지 않은가. 이 세상의 한 모퉁이에 쭈그리고 앉아 무언가를 기다리며 어떻게든 살아남아야 한다는 것은 비루하면서도 힘겨운 일이다. 이 시리고 비린 세상에서 악착같이 살아가야 한다는 것은 마치 어시장의 고무다라이 속에서 누군가의 손에 잡혀 생선시장 바닥에 던져지는 생선처럼 비참한 일이다. 그러면서도 우리는 꾸역꾸역 한 끼의 밥을 먹고 일을 하고 섹스를 한다. 거친 바다에서 낡은 돛배 같은 육신을 이끌고 오늘도 내일도 살아가야 한다. 아무리 봐도 동백이 나의 삶보다는 외롭고 쓸쓸하지만 더 높고 경건하다.

동백은 살아있을 때도 아름답지만 죽을 때도 비장한 종말을 보여준다. 동백꽃은 한창 피었을 때와 떨어질 때 두 번 보아야 참 모습을 볼 수 있다. 가장 아름다운 상태에서 목이 뚝 부러지며 자신의 몸을 던져 죽는 동백꽃의 모습을 보면 마치 스스로 피를 토하며 투신하는 듯하다. 소녀처럼 수줍은 매화나 오랜 친구같이 환하게 다가오는 진달래와 달리 동백에서는 한 많고 굴곡진 삶을 살아온 여인의 깊은 비애가 묻어난다. 그래서 살아있을 때와 마찬가지로 죽을 때도 저리 처절히 산화散華하는가. 아무리 찬란한 생명도 위대한 권력도 죽음 앞에서는 속수무책이라는 듯 구차한 변명도 아쉬운 미련도 남기지 않는다.

탄생에서 죽는 순간까지의 분연함, 그리도 힘들게 피어난 꽃이 질 때는 잠깐이다. 태어나서 삶의 절정까지 이르렀다 떨어지는 붉은 동백의 모습은 잠깐 왔다 사라지는 우리네 인생과 다르지 않다. 인생의 수많은 환희와 비애는 한 송이 꽃처럼 피었다 시든다. 꽃이 시들고 잎이 떨어지는 모습을 보는 것은 슬픈 일이다. 머지않아 우리도 저렇게 시들고 덧없이 스러져 갈 것이다. 지상의 모든 것은 결국 사라지고 만다. 모든 인간

모든 사물 모든 꽃도 소멸하고 만다. 봄날에 그리도 찬란하게 피던 꽃들이 한겨울이 되면 어느새 다 시들어 버리고 그 위로 눈이 내린다. 꽃들은 어찌 저리 눈부신 아픔으로 지는가. 한 생명이 탄생해서 소멸하는 행로는 저렇게 충만하고 경건한 것인가.

사랑도 그렇지 않던가. 태어나 살다가 누군가를 만나서 사랑하고 헤어지는 과정은 한 송이 꽃이 피고 지는 것과 같다. 꽃은 피었다 지고 누군가는 사랑을 하다 헤어진다. 그 사랑은 반복된다. 끝이 있을 것을 알면서도 새로운 시작을 갈망하고 헤어짐이 있을 것을 알면서도 누군가와 만남을 원한다. 어차피 사랑은 날아왔다 날아가는 파랑새가 아니던가. 지금 이 순간 사랑하거나 헤어지는 일에 최선을 다하는 것, 아파하고 힘들어하는 사람의 등을 두드려 주는 것, 그들과 따뜻하게 손잡고 함께 나아가는 것이 더 아름답고 행복한 삶의 길이라는 것을 알지만 그렇게 하지 못한다.

삶이 어렵고 힘든 것은 누군가에게 더 가까이 다가갈 수 없다는 데 있다. 빛과 어둠이, 바다와 육시가, 너와 내가 더 가까워질 수 없다는 것을 안타까워하고 슬퍼한다. 나의 인생도 동백의 인생도 그런 식이었다. 만나고 이별하고 생각하고 잊어지고, 또 아픈 가슴으로 출렁이는 바닷가에 다시 빈손으로 우두커니 서 있으면서도.

어느 바닷가에서 동백이 피고 졌다는 소식이 들려온다. 나에게는 그것이 어디선가 한 생명이 태어났다 사라지거나, 누군가의 사랑이 피었다 졌다는 기별같이 들린다. 밤새 쓸쓸한 바닷가에서 피를 토하듯 툭툭 떨어지는 동백꽃의 모습이 나의 밤잠을 설치게 한다.

돼지국밥집에서

저녁 식사를 해결하기 위해 집 근처 국밥집으로 들어선다. 저녁나절 국밥집에는 항상 손님으로 가득하다. 단골손님을 알아본 할머니가 인사를 하면서 구석자리로 안내한다. 잦은 방문으로 안면이 있는 몇몇 손님들은 초저녁부터 주기가 오른 붉은 얼굴로 다정하게 인사를 건네 온다.

추위가 매서운 날이면 국밥집에는 더 많은 손님으로 붐빈다. 이런 날에는 따뜻한 돼지국밥 한 그릇에 소주 몇 잔을 곁들이면 하루의 피로가 싹 가신다. 좁은 국밥집에서는 너의 자리와 나의 자리가 의미가 없다. 식탁이 조금씩 떨어져 있을 뿐, 밥을 먹으며 소주를 주고받다 보면 금세 한 가족이 되어 버린다. 국밥집에서는 구분도 편견도 가식도 사라진다.

김이 무럭무럭 나는 따끈한 국밥이 눈앞에 나타난다. 국밥에서 서려오는 하얀 김이 얼굴을 따뜻하게 해준다. 한 끼의 밥을 먹기 위해 열심히 살아가야 하는 것이 인생이라 생각하면 밥에 담긴 의미는 비루하면서도 경건하다. 이 밥 한 끼를 해결하기 위해 얼마나 많은 사람들과 타협해야 하고 인생에 굴복해야 하는가. 궁극적으로 나의 가치와 나의 존재도 이 밥 한 그릇의 힘에서 우러나오는 것이 아닌가. 어머니께서도 생전에 "사람은 밥심으로 산다. 많이 먹어라."라고 입버릇처럼 말씀하셨다.

나는 언제나 허기진 짐승같이 밥 앞에 무릎을 꿇어야 했다. 국밥집에서 혼자 쓸쓸하게 밥을 먹고 있는 초로의 남자는 슬프다. 힘든 삶의 표정을 짐짓 감추고 돼지국밥을 꾸역꾸역 먹고 있는 뒷모습, 흔히 사람들의 뒷모습은 쓸쓸하다지만 국밥집에서 홀로 밥을 먹고 있는 모습은 더욱 그러하리라. 어머니는 언제나 따뜻한 밥을 아랫목에 묻어두고 아들이 집으로 돌아오기를 기다리셨다. 그 밥 한 그릇에는 아들을 위한 가없는 사랑과 희망이 담겨 있었다. 지금 하늘나라 어디에선가 따뜻한 밥을 차려두고 아들을 기다리고 있을 어머니가 이 자식의 모습을 본다면 얼마나 슬퍼하실까.

한 끼의 밥을 먹는다는 것은 이 세상에서 가장 중요한 일이다. 지금 밥상에 앉아 한 끼의 밥을 먹을 수 있다는 사실에 나는 항상 감사한다. 밥은 슬픔과 기쁨, 고달픔과 즐거움의 경계를 허문다. 하루하루 무언가를 먹고 살아야 한다는 지겨움은 말할 수 없는 일상의 고달픔이지만, 하루도 먹지 않으면 견딜 수 없는 것이 인간이다. 밥은 나의 피와 살을 만들고 몸을 만든다. 몸이 없다면 정신이 어찌 존재할 것인가. 삶이 고행이라면 먹고 산다는 것은 깊은 실존이다. 식탁 앞에서 '거룩한 밥상'이니 '성스러운 의식儀式' 어쩌고 하는 것은 말짱 헛소리다. 식탁 앞에서는 먹고 살아야 한다는 싸늘한 실존만이 있을 뿐이다. 세상에 어느 굶주린 포식자가 잡아먹을 대상을 눈앞에 두고 거룩하고 성스러운 의식이라 생각할 것인가. 내가 아무리 책을 읽고 인생에 대해 사색하며 살아가는 척해도, 한 끼의 밥을 먹고 살아가야 한다는 실존 앞에서는 모든 것이 허무하다. 문학도 예술도 나날이 먹고 살아야 한다는 치열한 현실 앞에서는 모두 개똥철학이다.

국밥집은 풍부하게 소유하는 삶보다는 풍요롭게 존재하는 삶이 중요하다는 사실을 잘 보여준다. 이곳에서는 사치도 탐욕도 없다. 그저 돼지고기 몇 점과 소주 몇 잔의 궁핍하지만 아름다운 삶의 서사가 있을 뿐이다. 양주를 마시며 이루어지는 은밀한 거래도 없고, 맥주를 마시며 이루어지는 여유로운 낭만도 없다. 국밥과 사람들 사이에는 오직 세상살이에 고달프고 지친 사람들을 위한 지극히 세속적인 안식과 관계가 이루어질 뿐이다. 한 그릇의 국밥과 나의 관계맺음, 그 속에서 나와 삶의 거래는 이루어진다. 따뜻한 국물을 마신다.

후루룩, 후루룩!

옆자리에서도 후루룩 소리를 내면서 국밥을 먹고 있는 모습을 물끄러미 바라본다. 한 그릇의 국밥 속에는 그것을 먹는 사람의 고뇌가 고스란히 담겨 있다. 소주를 마시며 국밥을 먹던 사람들이 소리치듯 말한다.

“에잇, 이놈의 세상 더러워서 못 살겠네.”

“그려. 세상이 갈수록 힘들고 고달프지. 그래도 토끼 같은 자식과 여우 같은 마누라 생각하며 살아야제.”

노동하는 사람들의 밥상에는 더욱 절실한 삶의 무게가 담겨 있다. 한겨울 공사현장에서 온종일 힘든 일을 마치고, 국밥집에서 뜨거운 국밥으로 몸을 녹이는 그들의 모습을 바라보면 괜히 목이 메어 온다. 피곤한 노동의 땟국으로 절어 있는 그들의 모습은 깃발을 펄럭이며 포구로 돌아온 만선滿船 같다. 하루 동안의 고된 노동 후에 밥상에 올라오는 김 나는 국밥 한 그릇이 그들의 삶에 얼마나 커다란 위안과 안식이 될 것인가. 그들의 진지한 식사 모습을 바라보고 있으면 먹먹한 감동과 함께 ‘아, 이놈의 더러운 세상!’이라는 탄식에 절로 공감이 간다.

그렇다. 우리네 인생은 더럽힘으로 가득하다. 우리가 태어나서 보냈던 순수하고 아름답고 행복한 시간은 잠시일 뿐, 삶은 그 무언가로부터의 더럽힘이며, 그로부터 벗어나기 위한 시간은 덧없고 길다. 삶에서는 누구도 영원히 아름다울 수 없고 영원히 행복할 수도 없다. 아이가 자라서 어른이 되면서 몸과 마음은 점점 늙고 병들고 추해져 마침내 소멸한다. 우리에게는 아주 잠시 아름답고 행복한 순간이 있을 뿐, 모두 상처에 홀린 채 살아온 사람들이다.

돼지국밥집에서 만난 사람들도 상처투성이였다. 조금씩 일그러지거나 망가진 사람들이 저마다 남모르는 사연과 아픔을 뒤집어쓴 채 불면의 밤을 지새우고 있을지도 모른다. 그렇지만 그들은 결코 사그라지지 않은 희망을 가슴 속에 간직하고 있었다. 동굴 같은 인생의 어둠 속에서 오직 한 줄기 빛과 같은 희망을 기다리는 것, 오지 않을 누군가를 기다리는 것은 눈물겨운 일이다. 돼지국밥집에서는 굳이 인생이니 철학이니 하는 거창한 화두가 필요 없었다. 식당 구석 어딘가에서 만났던 헐벗고 고단한 삶을 살아가던 사람들이 흘리던 한 방울의 눈물, 한 잔의 소주와 함께하는 그들의 신세타령이 곧 인생이고 철학이었다.

국밥 한 그릇은 곤궁한 삶을 따뜻하고 넉넉하게 해준다. 이 삭막하고 암울한 도시의 한 모퉁이에서 먹는 국밥 한 그릇은 저무는 외딴방을 밝히는 등불 같다. 국밥과 함께 마신 소주의 취기가 갑자기 혈관 속을 우르르 뛰어다니기 시작하면서 몸도 마음도 따뜻이 달구어진다.

셈을 치르고 나오며 거울에 비친 내 모습을 바라보니 왠지 활기가 있어 보인다. 등 뒤에서 커다란 외침 소리가 들린다.

"할머니! 여기 돼지고기 한 접시하고, 쇠주 한 병 더!"

철새는 떠나가고

철새 도래지에서 철새들을 바라보며 앉아 있다. 어디까지가 호수이고 어디까지가 바다인지 모를 수면 위에 수많은 철새들이 모여 큰 잔치를 벌인다. 원앙 · 청둥오리 · 물떼새 · 도요새 · 논병아리 · 가마우지 · 기러기 · 고니…. 먹이를 찾기 위해 연신 물속을 드나드는 녀석이 있는가 하면, 어딘가로 떠날 채비를 하는 분주한 녀석들도 있다. 몇 시간째 자신들을 지켜보고 있는 이방인이 신기한 듯 가까이 다가와 친근감을 보이기도 한다.

작은 생명들이 만들어 내는 날갯짓은 찬란하고 경이롭다. 철새들은 저마다 제 갈 길을 찾아 우르르 날아갔다 우르르 날아온다. 무한의 세계를 넘나드는 그들에게는 정처도 없고 경계도 없다. 여행의 와중에 잠시 머무는 곳이 그들의 집이다.

물 위로 이내가 내려앉는가 싶더니 금세 밤의 적막이 찾아온다. 인간이 떠난 자리에 이제 철새들의 시간이 왔다. 원죄도 없는 정결한 모습으로 철새들은 따뜻한 이곳에 자꾸자꾸 모여든다. 지상에서 살고 있는 인간들의 잘못을 대신하여 속죄라도 하겠다는 듯 군무제群舞祭를 올린다. 여기저기서 새들이 퍼덕대며 날아다닌다.

도대체 저 철새들은 어느 하늘을 건너온 것일까. 밤하늘의 아득한 별같이 반짝거리며 움직이는 철새들은 어느 우주에서 살다 이주한 별들인가. 왜 나의 눈앞에까지 찾아와 저렇게 울고 있는 것인가. 어디론가 머나먼 길을 날아가다 잠시 쉬고 있는 저들을 바라보면 왠지 우울해진다. 저들은 고향으로 돌아갈 수 없는 운명이어서 여기에 머물고 있는가.

집을 잃고 떠도는 자들의 모습은 언제나 비극적이다. 자신들의 의지와 상관없이 불시착한 철새들과의 조우는 가혹한 만남이며 돌발사태다. 아름답지만 슬픈 꿈같이 저들은 불면의 밤을 지새우다가 기구한 운명으로 나에게 들이닥친 것일까. 철새와 함께 밤을 보내겠다는 듯 별들도 하나 둘 물 위로 떨어진다.

어떤 사람이 나에게 전생에 철새였을 거라고 한 적이 있다. 그동안 철새같이 얼마나 떠돌아다녔던가. 그렇게 지독한 외로움 속에서 떠돌이가 되어 헤매고 다니면서도 더욱 완전한 자유를 누리는 철새가 되고 싶었다. 여행은 언제나 정처 없는 곳으로 향해 가는 신선한 만남이며 설렘이고 참담한 이별이었다.

육체와 영혼의 고정된 시간과 속박된 공간을 깡그리 털어내고 저 세상으로 날아가는 철새가 되고 싶었다.

떠나는 자, 부유하는 자, 사라지는 자, 어쩌면 나는 영원히 잡아둘 수 없는 철새일지 모른다. 때로 망연자실 나의 부재를 감당할 길이 없다. 나는 존재와 부재를 동시에 사랑한다. 어찌할 것인가. 부재로 인해 존재가 이루어진다는 이 역설을. 나의 부재는 나의 존재를 만든다. 몸과 마음속에 남아 있는 부재의 공백을 무슨 수로 메울 수 있을까. 몸과 마음을 존재의 감동으로 살아있게 하려면 나는 더욱 텅 비어야 한다. 언제나 혼자인 자, 누군가를 한없이 기다리는 자, 맺은 인연을 소중하게 부여안고자 하는 자, 그들이 바로 철새다. 그리하여 나는 지금 철새를 바라보며 서 있다.

나는 날지 못한다. 철새들처럼 가볍고 자유로운 영혼의 힘으로 날아가지 못한다는 것은 내 짐이 아직 충분히 가볍지 못하기 때문일 것이다. 나는 알지 못한다. 내 몫으로 지고 가야 하는 영혼의 무게가 얼마나 무겁고 얼마나 가벼워야 하는지를. 얼마나 무거워야 가벼워지고 얼마나 가벼워야 무거워지는가를. 진정한 자유란 저 철새와 같이 모든 고통과 슬픔을 이겨내며 날 수 있는 가벼움에서 나오는 것이 아닐까.

한 마리의 철새가 어디론가 떠나기 위해 힘차게 하늘로 날아오른다. 머물던 곳에 발자국과 표정을 다 버리고 자신의 언어만 데리고 한없는 길을 떠나는 철새의 삶은 뜨겁다. 저 아름답고 비정한 비상, 저것이야말로 삶이고 죽음이고 사랑이다. 살고자 할수록 죽음은 더 가까이 있고, 죽고자 할수록 삶은 더 멀리 있는 듯했다. 언제나 사랑은 길 밖에 머물고 흔적 없는 발자국만 남기고 떠다니는 내 인생의 표정은 철새에게서나 읽히리.

구름 사이를 날면서 철새는 항상 외로웠다. 텅 빈 하늘 위를 날아가는 철새는 힘들고 지쳐 포기하고 싶었지만 날지 않을 수 없었다. 날지 않으면 죽어야 했다. 열심히 날개를 굴리며 날아가야 하는 여행은 고독하고 슬프다. 세상의 모든 존재들이 굴러가기 위해 매달고 있는 날개, 왜 우리는 이런 도도한 슬픔의 날개를 달고 끝없이 날아가야 하는 것일까. 이렇게 멀리멀리 날아왔으면서도 해독解讀해야 할 풍경은 언제나 낯설다. 그래서 삶은 항상 어렵고 힘들다.

누군가 철새는 그리움의 힘으로 날아간다고 했지만, 철새가 자신이 왔던 곳으로 날아가려는 의지는 맹목적이다. 날아가다 죽어도 좋다는 듯 한번도 뒤돌아보지 않고 앞으로 앞으로만 날아간다. 오직 한 사람을 위해 태어난 사람같이 철새는 어디선가 받은 사랑의 기억을 잊지 못해 목숨 걸고 그곳으로 날아간다. 철새의 그 지극한 마음을 인간이 어이 알까. 수만 리 길을 오가는 철새의 지조와 정절에 비하면, 작은 이익과 욕망을 위해 이리저리 옮겨 다니는 인간의 모습은 추하기 이를 데 없다. 어찌 그런 인간들을 철새에 빗대는지.

모두 떠나고 마지막 남은 몇 마리 철새가 달빛에 젖어 있다. 낮이 가고 어둠이 와도 온종일 꼼짝하지 않고 먼 하늘만 바라본다. 겨울이 가고 봄이 온 사이 아직도 떠나지 못하고 물고기를 잡아 허기를 채우며 먼 곳에서 올 누군가의 기별을 기다리고 있다. 소라 껍데기에 귀를 대고 전언傳言을 기다리며 홀로 서서 울고 있다. 철새야, 소용없다. 이 밤에 아무리 울어도 떠난 사람은 돌아오지 않고 너와 그는 영원한 하나가 될 수 없단다. 이 세상에서 우리가 머물고 사랑하는 것은 아주 잠시일 뿐 영원이란 없더란다.

그러면서도 왜 그토록 머나먼 길을 떠돌며 헛돌았는지. 눈앞에는 바람과 먼지가 가득하고 날이 저물면 어디로 갈 것인가라는 걱정뿐이다. 눈앞을 가리고 있는 이 풍진風塵 세상을 헤치고 내가 갈 곳은 어디인가. 차마 버리지 못해 내 삶의 무게로 지고 있는 이 짐을 다 버리고 어디로 갈 것인가. 희미하게 밝아오는 여명 속 한 가닥 불빛을 철새와 나는 오랫동안 함께 바라보고 있었다.

죽어가는 나무처럼 물가에 앉아 나는 어이하여 떠나가는 철새들을 하염없이 바라보는 습관이 생겼던가. 철새들은 그리움을 찾아 모두 머나먼 길을 떠나갔다. 철새들이 떠난 세상은 적막하다.

누군가의 생애가 저물어가는 저녁, 철새는 떠나가고 나는 남았다.

낙타의 눈물

나는 눈물이 많은 사람이다. 수업시간에 학생들과 슬픈 시를 읽을 때, 이제 다시는 돌아올 수 없는 시간과 만날 수 없는 사람들을 떠올릴 때, 우리를 끝없는 절망으로 몰아넣었던 '세월호 사건'이 망각 속으로 가라앉는 것을 바라볼 때, 가슴 저 깊은 곳에서 눈물이 울컥울컥 솟아오르는 것을 참을 수 없다.

눈물은 생명이 있는 모든 것들처럼 쉽게 소멸한다. 그렇지만 내가 살아있음을 가장 진실하게 확인할 수 있는 것은 눈물에 의해서이다. 눈물이 흐른다는 것은 몸속에서 피가 생동하고 있고, 이 세상을 생생하게 느낄 수 있음을 말해주는 증거이다. 눈물이 없다면 어찌 봄날에 피어나는 새로운 생명의 탄생을 바라보고 감동할 수 있으며, 겨울나무에 매달린 채 떨고 있는 마지막 잎새의 시린 마음을 아파할 수 있을 것인가.

내가 여태 가장 비통하게 눈물을 흘렸던 때는 어머니가 돌아가셨을 때이다. 싸늘한 시신이 된 어머니는 땅속에 묻히고 있었다. 젖먹이 때부터 나의 우주였던 어머니의 포근한 품속과 따뜻한 젖가슴의 감촉을 결코 잊을 수 없다. 그 몸이 어둡고 차가운 땅속에 묻혀 썩어갈 것이라 생각하니 하염없이 눈물이 흘러내렸다. 어머니의 주검 앞에서 나는 언젠가 다녀왔던 사막과 그 위를 걸어가던 낙타를 생각했다.

사막은 세상의 모든 풍파를 짊어지고 그 자리에 흐트러짐 없이 서 있었다. 그러면서도 낙타와 대상隊商이 지나갈 때면 자신의 자리를 기꺼이 내주는 사막은 어머니의 모습을 닮았다. 그 어머니가 이제 한 줌의 흙으로 돌아가고 있었다. 장례를 마치고 사람들이 하산했을 때에도 나는 어머니 무덤 곁에서 계속 피 같은 눈물을 흘렸다. 차라리 어머니가 사막도시 누란樓蘭의 오드리 공주처럼 미라가 되어 남는다면 언제든 달려가 얼굴이라도 볼 수 있으련만.

시베리아 횡단열차를 타고 기나긴 여행을 할 때, 바이칼호수가 있는 이르쿠츠크역에서 나는 또 한 번 기막히게 운 적이 있다. 늦은 시간에 열차에서 내린 사람들이 하나 둘 역사驛舍를 떠나고 혼자 남게 되었다. 인적이 끊긴 거리에는 가로등 불빛만 희미하게 남아 있었다. 갑자기 추적추적 비까지 내리기 시작했다. 낙타의 육봉같이 흔들대는 배낭을 지고 걸으며 '아! 지금 이 세상에 나는 완벽하게 혼자 남았구나.'라는 느낌이 들었다. 깜깜한 우주 멀리에서 한 조각 유성이 되어 떠돌고 있다는 비감한 심정이 나를 눈물의 바다로 몰아넣었다.

눈물에 얽힌 사연이 이에 그칠 리 없지만, 정말 이유 없이 애절한 눈물을 흘린 것은 실크로드를 여행할 때 깊은 속눈썹을 가진 어느 낙타와의 만남에서였다. 아마도 그는 최초로 실크로드를 횡단한 장건을 실어 주었거나, 혜초 스님을 태워준 낙타의 후손이었을지도 모를 일이다.

낙타의 운명은 슬프다. 낙타가 가는 길은 언제나 사막 길이다. 걷고 걸어도 넓고 아득한 사막의 한 귀퉁이를 지날 뿐이다. 제 등 위의 육봉을 업보처럼 짊어진 채 터벅터벅 걸어간다. 낙타는 아무리 급해도 인간처럼 바삐 달릴 수 없다. 그의 갈 길은 멀고 아득하다. 달려간다면 열사의 사막을 단 하루도 갈 수 없을 것이다. 오직 걷고 또 걷는 것만이 고통의 시간을 벗어나는 길이고 자신의 업보를 씻어내는 길이다. 낙타에겐들 어찌 눈물이 없겠는가. 그러나 인고의 세월을 견디며 흘리는 낙타의 한줄기 눈물은 긴 속눈썹 속에 금세 감춰져 버린다.

사막은 언제나 텅 비어 있다. 텅 비어 있는 사막에서는 모든 것이 가볍다. 사막은 육신을 벗고 영혼만 떠나는 길이다. 여백의 공간에서 몸을 비우고 또 비워서 영혼은 더 충만해진다. 그곳에서는 좋은 집과 좋은 차를 위한 경쟁도 없고 남보다 앞서고자 하는 헛된 욕망도 번뇌도 없다. 사막은 모든 것을 받아주는 거대한 집이다.

모래 폭풍이 불어오면 몸을 사리고 기다리다가 바람이 잠잠해지면 다시 어디론가 제 갈 길을 향해 떠나야 한다. 하늘은 내 집의 천장이고 모래 구릉은 기댈 언덕이다. 조금의 일용할 양식과 머물 집에 만족할 수 있다면 인생이 이렇게 힘들 이유가 무엇이겠는가. 낙타는 텅 빈 사막을 무심히 바라본다.

사막은 밤과 같은 적멸의 공간이다. 흑백 무성영화처럼 아무런 말도 소리도 없다. 그 속에서는 사물에 대한 흔적도 없어지고, 더 이상 존재하지 않는 시간 속에서 모든 것은 하나가 된다. 인간들의 위선과 덧없는 노동의 시간과도 결별하고, 어떠한 사유도 다다를 수 없는 경건한 현현의 시간만이 남는다. 사막은 존재자들의 가치와 생존을 위한 온갖 몸부림으로 빼곡한 낮의 시간을 무위케 한다. 사막에서 어제는 사라져 간 과거의 다른 이름일 뿐이고 내일의 끝은 또 어디쯤일지 알 수 없다. 억겁의 세월을 버티어온 모래더미들은 퇴적한 용암처럼 그냥 가득 쌓여 있다.

가도 가도 사막뿐인 아득한 공간과 시간 속을 걷는 낙타에 비하면 나의 삶은 얼마나 호사로운가. 날마다 따뜻한 세끼 밥을 먹으며 친구들과 요란한 담소를 나누고 손 안에 세상의 모든 정보와 지식을 안고 살아가면서도 불만과 고뇌에 차 있다. 인간은 일생 동안 부와 명예와 권력을 좇아 아웅다웅 살아가지만, 낙타는 달과 별과 바람만 생각하며 살아간다.

험난한 사막 길에서 낙타가 운 좋게 얻어먹을 수 있는 것은 낙타풀뿐이다. 낙타풀은 가시투성이여서 한움큼 씹으면 입안은 온통 피투성이가 된다. 인간들이 '눈물 젖은 빵' 운운하는 것은 낙타에게는 정말 가당찮은 이야기다. 낙타는 '피에 젖은 빵'을 먹으면서도 눈물을 흘리지 않는다. 낙타의 눈물을 생각하면 내 눈물은 얼마나 값싸고 부끄러운 것인가. 어디선가 들려오는 낙타의 방울소리가 나의 부끄러움을 더욱 크게 진동시킨다.

해가 진다. 사막에서 지는 해는 처연하게 아름답다. 아득한 사막의 지평선 너머로 오렌지빛 광휘를 발하며 사라져 가는 빛의 향연은 더욱 적요한 아름다움을 만든다. 저 찬란하고 슬픈 노을을 바라보면서, 이 세상과 인간에 대해 한탄하고 절망하면서, 나는 앞으로 얼마나 더 많이 눈물지을 것인가.

노을 지는 사막에서 외로이 걸어가는 저 낙타를 보라. 그는 조금도 흔들림 없이 적막하게 텅 빈 공간과 처절한 고독 속을 관통하면서도 묵묵히 제 갈 길을 간다. 낙타는 혼자서 안으로 안으로 눈물을 삼킨다. 내 눈물이 아무리 한스러운 것이라고 해도 어찌 낙타의 눈물에 비할까. 저 낙타도 언젠가는 사막 어딘가에서 뼈만 남기고 사라지게 될 것이다.

삶에서 뼈는 무엇이고 살은 무엇인가? 나에게 묻지 마라. 혼자 눈물을 삼키며 오늘도 뚜벅뚜벅 사막을 걷고 있는 저 낙타에게 물어보라.

월행月行

캄캄한 밤하늘에 달은 창연하게 떠 있다. 사방에는 어둠과 함께 적막이 감돌고 달빛만 세상을 훤히 밝히고 있다. 달은 집 위로 떨어지고 강물에 빠지고 나뭇가지 위에 걸쳐진다. 달은 어둠을 삼키고 세상은 달빛으로 가득하다.

달은 구름 속으로 나타났다 사라지며 인간과 세상을 드러내고 숨긴다. 낮 동안 세상을 밝히던 태양을 품고, 빛과 어둠을 안고, 몸과 마음을 하나로 만들었다 흩어지게 한다. 달의 성전聖殿에는 삶과 우주의 질서가 담겨진다. 바다와 하늘처럼 세상의 모든 것을 다 품을 수 있는 포용의 마음을 지니고 있다.

달이 구름 위에 걸쳐 있다. 저 혼자 외로워하면서 구름과 함께 흘러간다. 어디로 가는가. 달은 저만치서 해를 뒤따라왔다. 그동안 사람들의 시선과 생각은 오직 태양에만 주어졌다.

사람들은 태양만 바라보고 태양만 찬미했다. 오, 나의 태양이여! 태양이 사라진 자리에서 마침내 달은 눈부시게 자신의 모습을 드러낸다. 태양에 가려 은폐되어 있던 속살을 있는 대로 풍만하게 보여준다.

달을 바라보고 서 있으면 달빛의 정령이 온몸을 감싸 안아온다. 머리와 가슴으로 스며들어와 온몸을 밝혀준다. 달은 오직 이 세상에 하나뿐인 나의 존재이다. 나의 얼굴이 저 달의 얼굴이고 저 달의 얼굴이 나의 얼굴이라면, 내가 저 달을 만나는 것은 결국 나를 만나는 것이다. 내가 달을 만나는 일, 달을 만나서 나를 아는 일은 존재와 세계와의 만남이다. 달我, 달我!

달빛은 고요한 밤의 숲속을 비춘다. 숲속 어디선가 한 마리 검은 짐승이 나타난다. 짐승은 우매하게 여기저기 달빛 속을 헤매고 다닌다. 그 모습을 바라보면서 달은 미소 짓는다. 짐승은 달의 모습을 제대로 알고 있을까. 둥근 달이 초승달로 다시 초승달이 둥근 달로 변해가는 변화무쌍한 우주와 세상의 이치를 조금이라고 알고 있을까. 짐승은 풀밭을 헤치며 제 갈 길을 간다. 달을 향하여 자신의 머리를 치켜든다.

거룩한 달이여, 거대한 세상을 밝혀주는 달이여, 당신은 축복인가 희망인가 꿈인가. 구름 속을 넘나들며 춤추는 육신이여, 빛나는 영혼이여, 왜 그대는 몸만 드러내고 영혼은 보여주지 않는가. 물질적 현상은 실체가 없는 것과 다르지 않고, 실체가 없는 것은 물질적 현상과 다르지 않다[色卽是空 空卽是色]고

했거늘, 어찌 현상만 알며 실체를 알지 못하는가. 영혼과 정신은 어디 내던져버리고 끝없는 물질적 현상과 욕망에만 사로잡혀 살아가는가. 어찌하면 천지간의 만물이 한순간 같고, 물物과 아我가 여일如一할 수 있을 것인가. 그 이치를 알 리 없는 짐승은 고개를 숙인 채 멀리 사라져 간다.

달은 구름 밖으로 나와서 어둠의 세상 곳곳에 빛을 뿌린다. 언젠가 기차에서 내려 어두운 시골 간이역을 빠져나올 때 사람들은 눈앞으로 갑자기 밀려드는 달빛 앞에서 몸을 떨었다. 역사驛舍를 둘러싸고 있는 나무들도 자신을 비추는 달빛 속에서 수줍은 몸을 감추고 있었다. 사람들을 내려준 열차는 다시 낯선 세상 어딘가로 달려간다.

달은 사라져 가는 열차의 뒷모습을 지켜주고 있었다. 달의 자비로 인해 이 세상은 얼마나 아름다워지는가. 어둠의 세상에서 달빛을 송두리째 받을 수 있는 인간은 축복받은 존재이다. 달이 나에게 주는 은총은 어디에서도 얻을 수 없는 구원이며 축복이다.

달의 행로는 인생의 행로와 같다. 어두운 밤하늘에서 외롭게 어딘가로 나아가야 하는 달은 인생의 모습이다. 달이 가는 길 어딘가에서 멀리 개 짖는 소리가 들리고 낯선 곳으로 떠나는 기차의 기적 소리가 들린다. 달이 가는 길은 어디인가. 그렇지만 서둘지 마라. 서둘지 마라, 아무리 서둘러도 달의 행로는 잡을 수 없다. 오, 인생이여! 삶의 재앙과 불행과 슬픔들을 애타도록 가슴에 두지 마라. 강물 위에 떨어진 달을 잡으려 하지 마라. 멀리서 개 짖는 소리가 들리고 기차가 떠나고 다시 달이 져도 서러워하지 마라. 한겨울이 지나면 봄이 오듯이 해가 지고 나면 달은 다시 떠오른다.

어둠의 미궁 속에서 달은 다시 모습을 드러낸다. 달은 내 가슴에 담긴 아픔은 모른 척하며 저 혼자 서럽고 저 혼자 고고하다. 차고 기울면서 이 세상의 비밀과 삶의 이치들을 혼자 다 알고 있다. 불면의 밤을 보내는 사람들의 아픈 사연들을 속속들이 들여다본다. 수많은 사랑과 이별, 그리움과 외로움으로 얼룩진 밤을 지새는 사람들 곁에 나타나 모든 이야기를 들어준다.

어두운 하늘 속에서 구름을 헤치고 나타난 달은 세상을 밝히기 위해 걸어온다. 달은 세상의 모든 것을 비추지만 자신의 몸은 비추지 못한다. 인간도 세상도 우주도 달이 사라지면 어두워지고 해가 떠오르면 밝아진다. 해가 사라진 밤에 세상을 비추어 주는 달, 달은 어디로 가고 있는가. 나도 모르고 저 달도 모르고 아무도 모른다. 모든 것은 지나간다. 나도 지나가고 저 달도 어둠 속에서 무심한 듯 지나간다. 달의 행로는 어디인가.

달은 의문투성이이다. 끝내 잡을 수 없는 것, 사라지는 시간과 불가해한 것들에 대해 알면서도 침묵한다. 달에 대한 기억은 여전히 시간의 흐름 속에 담긴 아쉬움과 그리움, 다가올 미래의 시간을 꿈꾼다는 것뿐이다. 사람들은 더 아름답고 더

은밀한 이야기를 나누고 싶어 달 이야기를 한다. 달 이야기는 슬프고 아름답다. 시詩는 달을 떠날 수 없고 달은 시詩를 떠날 수 없다.

내 몸속에서 피가 순환하듯이 달은 지구를 배회하며 우주를 바라본다. 언젠가 타클라마칸사막을 거닐고 있을 때, 넓디넓은 사막은 텅 비어 있었고 작디작은 달은 가득 차 있었다. 사막은 완벽한 우주이다. 사막의 아득한 지평선에 황혼이 다가오고 있었다. 밤의 사막이 아름다운 것은 어두운 하늘에 흩뿌려져 있는 별과 찬란하게 떠오르는 달 때문이다. 황금빛으로 텅 빈 공간을 가득 메우는 사막의 달은 외로운 영혼을 황홀하게 만든다. 모래언덕은 기다랗게 달그림자를 드리우고 잠들어 있다. 시간이 흐를수록 사막의 밤은 고독의 빛을 발한다. 사막의 밤이 가장 처절하게 아름다울 때는 별과 달이 텅 빈 사막의 밤하늘을 가득 채우고 있는 시간이다.

지상의 인간들이 모두 잠든 시간, 깜깜한 하늘에 적요하게 걸려 있는 저 달은 구천을 맴도는 영혼들과의 해후를 기다리고 있다. 살아남은 자들은 죽은 자를 그리워하며 달에 거주하는 영혼들을 안타까운 눈빛으로 바라본다. 저 달에서도 나무가 자라고 새가 날고 창백한 영혼들이 저녁이 되면 밥상머리에 모여 앉아 지난 하루를 이야기하고 있을까. 달은 언제나 밝고 따뜻하다. 달은 밤마다 외롭고 두려운 존재들을 쓰다듬어 준다. 길을 잃은 영혼에게 등불이 되고 희망이 되어 준다.

당신이 멀리서 바라보고 있는 달과 내가 가까이에서 바라보고 있는 달은 어디서나 같다. 이승과 저승은 한 뼘의 차이일 뿐, 달을 바라보는 당신과 나는 멀리 있지 않다. 꿈을 꾸고 또 꾸면 모든 것이 실현되는 것처럼, 그리움과 아쉬움도 자꾸 바라보면 더 환해지고 더 가까워진다. 나는 이승에서 얼마나 더 떠돌고 떠돌다가 저 달의 뒤를 따를 수 있을까. 아, 달我, 달我!

풀무치의 죽음

가을이 깊어가던 휴일 오후에 아파트 근처를 산책했다. 아파트 화단에는 군데군데 초록빛 풀들이 살아남아 있었다. 고층 건물이 가득한 도시에는 잿빛 먼지가 하늘을 가득 채우고 있었지만, 화단의 녹색 초목들이 도시의 삭막함을 가려 주고 있다.

화단 한쪽에서 풀무치의 시신이 보였다. 아이들의 노랫소리를 뒤로하며 풀무치는 죽어서 버려져 있었다. 처음에 나는 빈터 어딘가에서 날아온 가로수의 마른 잎인 줄 알았다. 가만히 만져보니 풀무치의 속날개였다. 초록 외피의 겉날개는 떨어져 나가고 찢긴 속 날개는 간신히 몸체에 붙어 있었다. 물결무늬를 이루었던 풀무치의 배 부분은 뜯겨나가 속이 비어 있었고, 머리 부분도 누군가의 공격에 의해 반쯤 남아 있을 뿐이었다. 퍼석하게 껍질만 남은 몸뚱어리는 바람이 불면 금세 날아가

버릴 듯 흔들대고 있었다. 풀무치의 초록 영혼은 몸을 떠나 도시의 하늘 어딘가로 날아가 버린 듯했다.

풀숲 속을 헤쳐 보니 여치와 잠자리의 주검도 보였다. 풀무치와 여치와 잠자리들은 그들의 초록 날개로 찬란한 지난여름을 분주히 날아다니다 어찌 이곳까지 와서 죽게 된 것이다. 그 이상은 아무것도 아닐지 모른다. 아파트의 가까운 이웃이 죽었을 때, 사람들이 짐짓 애통한 표정을 짓는 것과 달리 풀무치의 죽음에 대해서는 아무도 슬퍼하지 않는다. 풀벌레의 죽음 따위에는 아무런 관심도 없다.

삶은 무겁고 진지하지만 죽음은 너무 경박하고 허무하다. 죽음은 아주 가까운 데서 보여지고 모든 주검들 앞에 서면 나는 까닭 모를 슬픔에 잠긴다. 누군가의 공격에 의해서, 아니면 제 생명을 다한 채 죽어서 무참하게 땅에 떨어져 있는 풀무치와 잠자리의 주검을 바라보며, 따뜻한 집과 살아 있는 이 시간을 고마워한다. 죽어 있는 나무, 죽어 있는 새, 죽어 있는 사람과 같이 모든 죽은 것은 존재가 정지되고 소멸되는 것을 의미한다. 언젠가는 나에게도 그런 순간이 다가올 것이라고 생각하는 것은 슬픈 일이다.

지금까지 살아온 시간과 노고에 비하면 죽음의 순간은 너무 짧고 가볍다. 정자가 난자 속으로 들어가 수태가 되어 어머니의 뱃속에서 자라고 마침내 어미의 몸을 빠져나와 목이 터져라 울음을 터뜨리면서 탄생은 이루어진다. 죽음도 이 정도의 과

정은 되어야 하는 것이 아닌가. 죽음도 탄생만큼이나 의미 있고 중요한 것이며, 지난 일생 동안의 힘들고 파란만장했던 삶의 과정을 생각하면 죽음은 좀 더 엄숙하고 거룩해야 하는 것이 아닌가. 사람들은 울고 불면서 죽음을 슬퍼하지만 그것은 잠깐일 뿐이다. 죽음은 잠시의 문턱을 넘으면 끝이다.

죽음은 인식의 대상이 아니다. 죽음으로써 죽음을 깨달을 수 없다. 삶과 죽음 사이의 차이는 지상이냐 지하이냐의 차이가 있을 뿐이다. 죽은 사람들은 산 사람들을 눈물의 길로 이끌며 장의차를 타고 어딘가로 가서 지하에 묻힌다. 죽음 앞에서 사람들은 그동안의 살아온 과정이 원통해서 허무와 비애를 느끼게 되고 후생을 생각한다. 사람들은 죽은 자를 위해 묘비명을 만들고 그를 기억한다.

그렇지만 풀무치는 죽음으로 그만이다. 하루에도 수많은 풀무치가 죽지만 아무도 그들의 죽음을 기억하지 않는다. 사랑하는 이를 그리워하며 서러운 풀벌레 울음을 들으면서 그렇게 고적한 밤을 보냈으면서 사람들은 풀벌레의 죽음을 기억하지 않는다. 내가 발견한 풀벌레의 주검도 언젠가 내 영혼을 흔들던 그 울음소리의 주인공이었으리라. 모든 풀벌레들의 죽음과 함께 그들의 울음도 함께 죽었다.

풀벌레 소리가 끊긴 밤은 너무나 고요하다. 내 기쁨과 슬픔의 자리에서 함께 있어준 애절한 울음과 노랫소리도 사라졌다. 사람들은 존재의 무게만 중요하게 생각하지만 관계의 무게를 생각지 않는다. 관계를 만드는 것이 존재를 무겁게 한다는 사실을 모른다. 풀무치는 존재의 무거움이 아니라 관계의 무거움으로 자신을 현시코자 한다. 풀벌레들은 자신의 노래로 이 세상과 관계를 맺는다. 풀무치는 '찌르르 찌르르' 하는 노랫소리로 세상과 관계를 맺고 싶어 한다. 새들이 허공을 날아다니면서 자신의 자유로운 삶을 구가하듯이, 풀벌레들은 울고 노래함으로써 외로운 영혼을 달랜다.

언어를 사용하는 인간의 도시에는 서로 먹고 먹히는 칼바람이 끊임없이 불어댄다. 풀무치는 산이나 들과 같은 평화롭고 아름다운 초록의 세상에 살다가 이 삭막한 도시의 깊은 곳으로 날아왔다. 그 옛날에는 초록으로만 이루어졌던 길이 이제는 잿빛 도시로 바뀌었다. 풀무치는 온통 초록으로 이어진 길에서 길을 잘못 들어 회색 콘크리트의 세계로 오게 되었다. 도시는 괴물같이 커지기만 하고 사람의 무리는 넘쳐 홍수를 이루고, 나무들이 빼곡하게 늘어선 숲과 산은 무너지고 풀벌레들은 길을 잃은 채 죽어가고 있다.

어둠이 내리는 길 위에서 풀무치는 갈 곳을 알지 못했다. 풀무치가 이 도시에서 길을 잃고 헤매고 있다는 것을 아는 사람은 없었다. 숲이 없는 거리에서 헤매고 있는 풀무치는 한없는 외로움에 빠져들었다. 초록으로 가득한 산과 숲이 그리웠다. 아무도 찾으려 하지 않고 가려 하지 않는 그곳은 신비의 길이지만, 너무 멀고 어두워 이제 찾아가기도 힘들다.

초록으로 돌아가는 길을 헤매고 다니다가 마침내 풀무치는 죽었다. 그의 주검을 풀숲 깊숙한 곳에 묻어주었다. 풀무치의 노래와 울음이 사라진 도시는 적막하고 어두웠다.

죽은 시인의 사회

그가 죽었다. 학창시절부터 문학공부합네 하고 함께 어울려 다니던 친구의 부음이 들려왔다. 장례식장에서 나를 맞은 것은 그의 아내와 어린 아들, 영정 곁에 놓인 두 권의 시집뿐이었다. 그는 일생 동안 오직 시밖에 몰랐다. 가족들은 안중에도 없었고 어떻게 사는지도 관심이 없는 듯했다. 대학을 졸업한 후에도 힘들게 일자리를 마련했으나 아무 소용이 없었다. 실직 상태로 오로지 시를 위해서만 사는 듯했다. 어둠이 내려앉은 식탁에 따뜻한 밥 한 그릇은 없어도 시집은 여기저기 흩어져 있었다.

일 년에 몇 번 만날 때마다 얼굴이 유난히 검게 변해가고 있었지만 눈빛은 오히려 더 형형했다. 조용하면서도 강렬한 시선은 항상 내 마음을 불편하게 했다. 딱히 무어라 꼬집어

말할 수 없었지만 그의 눈빛은 언제나 예사롭지 않았다. 그는 내 마음속 어딘가를 꿰뚫어 보는 듯했다. 중요한 무언가를 말하고 싶어 하는 것 같기도 하고, 방관자로서 그냥 사람을 구경하는 것 같기도 했다. 눈은 항상 무언가에 굶주린 짐승 같은 모습을 하고 있었다. 동공은 텅 비어 있는 듯했지만 수정체는 팽팽하게 긴장되어 있었다.

그것이 바로 시인의 눈이라는 사실을 나중에야 알게 되었다. 삶에 흩어져 있는 일상의 파편들이 시인의 눈길과 마음에 닿으면 꽃이 피고 불길이 일어나게 된다. 시인의 눈에 비친 세계는 현실이며 동시에 꿈이다. 시인의 눈은 현재에 그냥 주저앉아 있지 못하고 과거와 미래를 바라보고 있었다.

그의 시에는 죽음에서 생명을, 감옥에서 자유를, 절망에서 희망을 찾고자 하는 불꽃이 일어나고 있었다. 시인의 눈앞에 버티고 있는 삶은 온통 절망과 어둠의 구덩이였는지 모른다. 그의 시에는 어둠과 절망이 넘실대고 있었다. 옛날에는 시인들이 하나 둘 별을 세고 있었으나, 이제는 삶을 위한 셈을 하고 있을 뿐이다. 시인의 불꽃은 어둠 속에서 꺼져가고 있었다.

시인은 스스로 만든 여백 속에서 몸부림친다. 그동안 세상과 시인의 영혼은 얼마나 더 상해버린 것일까. 절망한 시인이 골방에서 홀로 죽어가는 사회에 우리는 살고 있다. 시인은 절망하고 지치고 외로워하면서도 이 세상과 우주에 대한 사랑을 버리지 못한다. 그러면서 그들은 정신적 장애자로 취급되거나 죽은 존재가 되어버렸다.

시인이 탄 조각배는 이제는 돌아갈 수 없을 만치 먼 바다로 와버렸다. 표류하던 배가 돛을 내릴 수 있는 곳은 없었다. 포구는 멀리 있고 항구는 미쳐 있었다. 미친 세상을 바라보면서 갈등과 번민에 빠진 시인은 차라리 거친 바다에 뛰어내려야 할 것인가를 고민하고 있었다. 미치지 않고서는 진실에 다가설 수 없었다. 시가 진정한 삶에 다가서기 위한 언어가 되지 못한다면, 시가 인간의 고통과 슬픔을 잠재우는 데 조금이라도 도움이 되지 못한다면, 대체 시가 무슨 소용이 있을 것인가. 시인이 이 세상과 인간의 욕망과 타락을 회복하는 데 아무런 도움이 되지 못하는 것 같았다.

시인은 죽었다. 아니 시인은 살아 있되 시대정신은 치매 상태다. 영화 「죽은 시인의 사회」에서 키팅 선생은 학생들에게 "시를 읽고 쓰는 이유는 자신들이 인류의 일원이고, 미와 낭만과 사랑을 깨닫게 하기 위한 것"이라고 이야기한다. 그렇지만 이제 시인은 아름다움을 피워내기 위한 마지막 불꽃마저 거두어들이고 있다. 농약과 구제역으로 오염된 들판에서 시인들은 풀잎의 숨소리를 들을 수 없고, 한 송이 꽃이 이 세상을 향하여 열리는 신비로움을 볼 수 없다. 비 오는 날이면 어른들은 아이들에게 방사능에 오염된 비를 맞아서는 안 된다고 당부해야 한다. 푸른 강과 꽃이 사라지고 눈과 비를 마음대로 맞을 수 없는 이 세상에서 시인이 할 수 있는 일이 무엇일까.

시인은 죽어서도 시를 쓴다고 한다. 시인이 된다는 것은 끝장을 본다는 것이다. 절망의 끝, 열정의 끝, 언어의 끝에 도달한다는 것을 의미한다. 시인이 지상에 머물렀던 자취는 시로 남는다. 두 번째 시집을 건네주며 그는 이제 죽어도 여한이 없다고 말했다. 그 후 일 년도 채 못 되어 간암으로 생을 마감했다. 한 편의 시를 남기기 위해 피를 토하듯 정신을 불태우고, 한 조각의 이미지를 만들기 위해 밤낮으로 술잔을 들이켰다. 어두운 그림자같이 드리워진 가난은 그를 더욱 힘들게 했을 것이다. 젊은 시절 찌든 가난 때문에 밥을 얻기 위해 피를 팔았다고 한다. 그러면서도 오직 좋은 시 한 편을 쓸 수 있다면 당장 죽어도 여한이 없다고 했다. 그는 목숨을 걸고 시를 썼고 이 땅에 시를 심었다.

언제쯤이면 나의 삶은 죽어도 여한이 없는 것이 될 수 있을까. 살아있는 모든 것은 결국 다 절멸하는데, 나는 이 세상에 아름다운 시 한 편 남기지 못하고 죽어야 하는 것인가. 이제와 생각하니 그의 시 전반에는 삶과 죽음을 넘나드는 절박한 예감이 깔려 있었던 것 같다. 만날 때마다 내 마음 어딘가를 꿰뚫어 보는 듯한 그 강렬한 눈빛과 표정은 어쩌면 세상에 오염된 채 적당히 살아가는 내 모습에 대한 질책이나 동정은 아니었는지.

고인의 뜻에 따라 시신은 화장되었다. 시신이 타오르는 것을 보고 가족과 지인들은 오열한다. 시인의 주검은 날것 그대로 살아있는 고통으로 타오르고 있었다. 화장 후에 남은 뼛조각을 보는 순간, 인생의 허무감이 가슴 속까지 사무쳐왔다. 이제 그의 육신은 한 줌 재로 남았지만 영혼은 질곡 속에 갇혀있던 새가 자유를 찾은 듯 훨훨 날아가고 있었다.

시인은 죽기 직전에도 병상에서 말했다. "산성비라도 좋으니 들판에서 눈과 비를 맞으며 걷고 싶다. 봄날에 새롭게 피어나는 한 송이 꽃을 바라보며 한 편의 시를 쓰고 싶다."

오리를 위한 변명

따뜻한 봄날 공원 근처에서 한 무리의 오리들이 꽥꽥 소리를 지르면서 분주히 어딘가로 걸어가고 있다. 그 모습이 재미있다는 듯이 아이들이 오리 소리와 걸음걸이를 흉내 내면서 뒤따르고 있다. 나도 슬그머니 그들의 뒤꽁무니를 따라나선다.

오리는 여럿이 무리지어 다닌다. 강가나 개울가에서 혼자 다니는 법이 없다. 줄지어 다니며 무리 중 누군가 따라오지 않으면 발걸음을 멈추고 뒤처진 친구를 기다려 준다. 동료 중의 누군가가 다치기라도 하면 근심어린 표정으로 바라보며 소리를 질러댄다. 어디서나 혼자만 잘난 척하고 혼자 잘살고자 하는 인간의 모습에 비하면 오리의 모습은 경이롭다.

오리는 영 머리가 나쁜 녀석들은 아닌 모양이다. 물가까지 주인이 몇 번 데리고 가주면 저희끼리 놀다가 식사 때가 되면

집을 찾아 돌아온다. 시골 마을 사립문에 노을이 얼비치기 시작할 때 줄지어 뒤뚱대며 오리의 귀가는 이루어진다.

엉덩이를 흔들며 걷는 오리의 모습을 바라보면서 사람들은 웃음 짓는다. 엉덩이를 뒤로 빼고 뒤뚱뒤뚱 걷는 걸음을 보며 오리걸음이라 하고, 튀어 나온 궁둥이를 오리궁둥이라 부른다. 짧은 다리와 작은 몸집으로 그렇게 열심히 걸으면 되었지, 왜 오리의 모습을 우스꽝스럽게 생각하는지, 왜 빨리 걷지 못한다고 비웃는지 알 수 없다.

사람들은 달리다시피 빨리 걸어야 직성이 풀린다. 직장에 출근할 때도, 누군가를 만나기 위해서도, 집으로 돌아갈 때에도, 항상 무언가에 쫓기듯 필사적으로 걷는다. 주변에 무엇이 있는지 볼 필요도 없고 알 이유도 없다는 듯 오직 앞만 보고 열심히 달린다. 무엇이 바빠서 저렇게 옆도 뒤도 돌아보지 않고 멋없이 살아가는지 알 수 없다. 저렇게 토끼같이 열심히 살아가는 세상이 얼마나 힘들고 고달플까.

오리는 열심히 날고자 하지만 참새나 독수리같이 훨훨 날지를 못한다. 날지 못하는 것은 사람도 마찬가지다. 날개가 있다고 한들 그들에게 비상의 의미는 오직 돈과 권력과 명예를 위한 것일 뿐이다. 새들이 높이 날고자 하는 이유는 단순히 명리를 위한 것이 아니다. "높이 나는 새가 멀리 본다."라는 이야기는 눈앞에 보이는 일에만 매달리지 말고 멀리 내다보며 살 것을 당부한 말이다. 그 정도까지는 아니더라도 최소한 오리는 자신의 날개를 남보다 앞서거나 남을 짓밟기 위해 사용하지는 않는다.

물개에 비할 바 못 되지만 물갈퀴가 있어서 오리는 수영도 잘한다. 물을 좋아하여 물 없는 곳에서는 생활하지 않는다. 물은 만물의 근원이고 어머니의 자궁과 같은 곳이다. 대지의 강인함은 물의 부드러움과 함께 조화를 이룬다. 오리는 비록 강하지는 못하지만, 물속에서 살면서 먹이를 얻고 물과 같이 부드럽고 조화로운 세상을 만드는 데 조금이라도 도움이 되고 싶어 한다.

어제는 지나간 역사이고 내일은 알 수 없는 신비라고 한다면, 오늘은 나에게 주어지는 최고의 선물이다. 너무 완벽해지려 하지 마라. 이 정도의 걷기와 날기와 헤엄치기 그 이상을 완벽하게 갖추면 결국 오만해지고 독선에 빠지게 된다. 사람들은 모든 것을 가득 채우지 않으면 불안해하고 남보다 뒤처진다고 느낀다. 오리는 토끼같이 잘 달리지도 못하고 독수리같이 잘 날지도 못하고 물개같이 수영도 잘하지 못한다. 하지만 열심히 앞으로만 나가며 뒷걸음질치지 않는다.

오리는 밤에도 활동하는 야행성 기질이 있어서 울타리만 있는 시골집에서 훌륭한 파수꾼 노릇을 한다. 오리의 꽥꽥거리는 목청은 개 짖는 소리에 못지않게 낯선 방문자를 당황케 한다. 디즈니의 만화 주인공 도널드처럼 오리는 사람을 위해 착한 일도 마다하지 않는다. 웃음거리가 되고 조롱의 대상이 되면서도 오리는 사람을 위해 할 수 있는 모든 봉사를 한다.

그런데도 사람들은 오리를 함부로 취급한다. 살아서는 집을 지켜주고 죽어서는 고기와 털로 음식과 옷을 바치는 충성스런 모습을 보이지만, 총으로 쏘아 죽이고 식용으로 키우기까지 한다.

오리에게도 꿈이 있다. 바다 너머 미지의 세상을 궁금해 하며 꿈꾼다. 언젠가 저 바다 너머에 갈 수 있으리라 믿으며 작은 가슴은 기대감에 부푼다. 놀림 받고 누추한 삶이지만 미운 오리새끼의 꿈은 찬란하고 아름답다.

오리의 뒤꽁무니를 따라가면서 나는 한번도 제대로 날아보지도 달려보지도 헤엄쳐보지도 못하면서 일생을 살아온 것이 아닌가 하는 생각이 든다. 오직 백조가 되기를 꿈꾸며 다른 오리같이 살고 싶지 않다고 파닥대지 않았던가. 백조나 갈매기같이 저 넓은 바다와 하늘을 향한 비상만 꿈꾸지 않았던가. 그래서 이 세상에서 무엇을 꿈꾸고 무엇을 이루었던가.

사람들은 모두 백조를 부러워하지만 백조의 삶이 반드시 행복한 것일까. 오리는 오리대로 백조는 백조대로 열심히 살아가는 것이 중요하지 않은가. 아름답고 우아한 백조는 아니었지만 못생긴 한 마리 오리로서도 수많은 힘든 일들을 견디면서 무사히 잘살아 왔다는 것은 자랑스러운 일이다. 삶의 힘든 고비와 시련 때마다 뒤뚱대면서 열심히 살아가는 오리를 지켜보아 준 세상 사람들이 한없이 고마울 따름이다.

2부

기러기에 관한 명상

철새 도래지에서는 모두가 분주하다. 먼 길에서 찾아오는 친구, 먼 길로 떠나가는 친구들이 바쁘게 만나고 헤어진다. 청둥오리는 물속을 들여다보며 연신 먹이를 찾고 있고, 논병아리는 물장구를 치며 놀고 있다. 왜가리는 날카로운 부리를 세우고 정찰병같이 이방인을 노려본다.

철새들 중에서도 유난히 내 눈길을 끄는 것은 기러기다. 옛날부터 기러기는 많은 시인들과 여행객들의 입에 오르내리는 철새였다. 사람들은 가을에 남쪽으로 내려갔다 봄에 북쪽으로 돌아오는 기러기를 먼 곳의 소식을 전하는 전령사로 여겼다. 여행객들은 기러기의 모습을 바라보며 망향의 시름을 달랬고, 중국 시인 소동파는 눈 위에 남긴 기러기 발자국을 바라보면서 인생은 한바탕 꿈이라고 노래했다.

기러기 가족들이 다정하게 모여 앉아 담소를 나누고 있다. 정 많고 믿음 깊은 기러기는 한 번 만나면 서로 떨어지지 않고 평생 정절을 지킨다. 그래서인지 옛 혼례에서는 남녀가 변치 말고 행복하게 잘살자는 뜻으로 신랑이 신부에게 기러기를 선물하곤 했다.

이제 기러기들은 먼 길 떠날 준비를 한다. 주변의 다른 철새들과 작별인사를 나누고 하늘로 날아오른다. 구름 속을 헤치면서 너울너울 비상을 한다. 저 아래 땅 위에서 사람들이 손을 흔들고 있다. 정들었던 그리운 얼굴들이 눈앞에 어른거린다.

넓은 하늘 위에서 하나 둘 점으로 나타나는가 싶더니 기러기들은 어느새 모여 선을 만든다. 기러기는 홀로 날지 않는다. 달빛 창연한 밤하늘에 브이 자 형 대오를 만들며 날아가는 모습은 세상의 어떤 광경보다 아름답다. 흰기러기들이 꺼억꺼억 울며 겨울하늘을 줄지어 날아가는 모습은 그 자체로 한 폭의 동양화다.

어떻게 저런 모양을 만들면서 날아갈 수 있을까. 그들은 무리지어 대열을 이루며 기나긴 여행을 한다. 선두에서 안내를 하던 기러기가 지치면 맨 뒤로 가서 쉬고, 다음 기러기가 선두에서 전체를 이끌게 된다. 맨 앞에서 외롭게 날아가는 기러기, 맨 뒤에서 허덕이며 따라가는 기러기들은 하나의 공동체를 이루며 날아간다.

수만 리 길을 날아가는 기러기의 행렬은 장엄하다. 그들은 날아가면서 끊임없이 울음소리를 낸다. 그 울음소리는 서로를 격려하고 지친 동료를 응원하는 소리다. 머나먼 길을 가는 동료들은 서로 의지하고 위로하면서 날아간다. 동료 기러기가 아프거나 힘들어 대열에서 낙오하면 몇 마리가 함께 이탈해 복귀할 때까지 동행해 준다. 그들의 동행은 이렇게 아름답게 이루어진다.

기러기의 날갯짓은 절박하고 처절하다. 겉으로 보기에는 평화롭고 아름답기 그지없지만, 그 속에는 치열한 삶의 몸부림이 담겨 있다. 창공을 날아가는 기러기의 날갯짓은 생사의 갈림길을 오가는 몸짓이다. 하늘을 날아가는 기러기들에게는 삶의 피곤함이나 권태란 없다. 오직 이 험난한 세상에서 살아남아야 한다는 절규의 몸짓이 있을 뿐이다. 욕망과 번뇌와 다툼 속에서 오직 살아남아야 한다는 절규를 지르며 살아가는 인간들처럼 기러기의 몸짓은 처절하다. 속절없이 흐르는 시간 속에서, 참담한 고독 앞에서, 대책 없는 싸늘한 죽음을 마주하며 살아가야 하는 모든 존재는 매 순간 절박하다. 아무리 힘들고 고달프다 해도 그 망망하고 싸늘한 곳에서 잠시라도 움직임을 멈추면 순식간에 얼어 죽고 만다. 기러기들도 인간같이 슬픔과 고통을 겪으며 진화한다.

나도 한때 기러기였다. '기러기아빠'가 되어 이역만리 먼 길을 오가는 삶은 고달프고 고통스러웠다. 가족을 만나기 위해 홀로 겨울 찬바람을 가르며 날아가야 하는 기러기아빠의 잿빛 울음을 누가 알 수 있을 것인가. 기러기들은 그 울음의 의미를 알 수 있으리.

먼 길을 날아가 만나는 아들 녀석은 오랜 기다림에 답하듯 봄날의 물호박같이 쑥쑥 자라고 있었다. 어릴 때 어미의 젖만 먹으면 여기저기 기어다니며 토하고, 영어 단어를 못 외운다고 허구한 날 아비에게 쥐어박히곤 하던 아들은 천덕꾸러기였다. 그렇지만 내가 어디론가 먼 길을 떠나고 나면 문밖에 나와 아비가 돌아올 날을 손꼽아 기다리곤 하던 기특한 녀석이다. 그가 저렇게 자라고 있었다. 저 아이도 자라서 어른이 될 것이고, 이 험한 세상을 기러기같이 이곳저곳 날아다니며 살게 될 것이다. 기러기 가족은 슬펐다. 잠시 만났다 헤어지고 한 계절이 지나고 나면 몰라보게 자란 자식의 모습을 애련의 눈으로 바라볼 뿐이었다.

참으로 삶은 만남과 헤어짐, 기다림의 연속이었다. 어찌하여 내가 태어나 누군가를 만나고 헤어지고 다시 기다리고, 그렇게 기다림에 익숙해지며 살아왔다. 나를 낳아 키워준 부모님이 떠나고, 나도 자식을 낳아 그들이 자라기를 기다리고, 그들도 자식을 낳고 나의 방문을 기다린다. 하나의 기다림이 완성되는가 싶으면 줄을 선 듯, 다음 기다림이 이어지는 아득한 순환은 끝이 없다. 만나고 사랑하고 이별하는 모든 순간에 봄꽃은 피었다 떨어진다. 기다림을 넘지 않으면 너에게 갈 수 없다. 언제나 나는 기다림 안에 있고, 너는 기다림 바깥에 있었다. 그리하여 기러기는 오늘도 울면서 울면서 너를 찾아가서 만나고 또 헤어진다.

아들 녀석을 만나고 공항에서 헤어질 때마다 나는 가슴이 먹먹해져서 뒤도 돌아보지 않고 비행기 쪽으로 달려가곤 했다. 아, 우리는 또 언제 만날 것인가. 해후는 잠시일 뿐, 이별은 멀고 길었다. 아무리 이별은 새로운 만남을 위한 것이라지만, 만남의 순간은 잠시였고 이별의 순간은 길고 아득했다. 우리는 항상 멀리 떨어져 있어야 했다. 만남이란 서로 사랑의 숨결을 기록한 편지 같은 것, 사랑은 먼 하늘을 건너 누군가를 찾아가야 하는 기러기의 기억 같은 것, 이런 통속적인 비유들이 기러기의 삶이었고 나의 삶이었다.

언제나 그랬다. 내가 너에게 가는 길과 네가 나에게 오는 길은 일치한 적이 없다. 저 하늘에서 하나가 되어 서로 위로하며 날아가는 기러기 같지 못하고, 나는 나대로 너는 너대로 제각각 퍼덕대며 날아갈 뿐이었다. 너에게 닿기 위해 힘들고 아득한 구름과 바람을 헤치고 날아갔지만, 너는 언제나 도달할 수 없는 곳에 있었다. 서로의 손이 닿지 않는 곳에서 우리는 그저 물끄러미 바라만 보고 있었다.

삶은 그런 것이었다. 그렇게 그리워하면서도 우리는 항상 물이 될 수 있을 뿐 바다가 되지는 못했고, 햇살이 될 수 있을 뿐 태양이 되지는 못했다. 그저 살아가야 할 나날들을 생각하며 애절한 날갯짓만 해댈 뿐 서로에게 가는 길은 멀고 멀었다.

우리의 만남에서는 언제나 애타는 미완의 언어만 맴돌았고 부리에는 침묵만 가득했다.

오늘도 기러기는 밤새 울어 예며 하늘 구만리 길로 날아간다. 이제 나는 어디로 갈 것인가. 달그림자 속으로 사라져 가는 기러기 행렬만 망연히 바라볼 뿐이다.

노을

저물어 가는 해를 바라보며 강변에 서 있다. 서쪽 하늘을 찬란하게 물들이고 있는 노을은 붉고 아름답다. 주변과 그것을 바라보는 사람들을 형형색색으로 바꾸어 간다. 노을은 온갖 붉은 정염을 자극하는 아름다움과 처연함을 동시에 지니고 있다. 스스로의 운명과 하루의 시간을 한줌으로 태우면서 스러져 간다. 해가 떨어진 후에도 한동안 침묵의 불덩이같이 이글거리던 노을이 어느 순간 어둠으로 변해가는 것을 바라보면서 지나간 시간과 떠나간 사람들을 되돌아보게 된다.

노을에 대한 최초의 기억은 자고 나면 새로운 놀이와 선물이 기다리던 유년의 설렘과 함께 시작되었다. 학교에서 돌아오기 바쁘게 동네 아이들은 우르르 몰려나가 집 근처 논에서 미꾸라지와 벼메뚜기를 깡통 가득 담아 돌아오곤 했다. 저녁

시간이 다되도록 돌아오지 않는 아이들을 찾으러 온 어머니의 손에 매달려 깡충대면서 집으로 돌아오는 길은 환희가 넘쳤다. 어머니와 건너가는 징검다리에는 얼비친 노을이 물결과 함께 찰랑대고 있었다. 노을은 언제나 나와 어머니의 갈 길을 아름답게 비춰주면서 찬란한 모습으로 그곳에 그냥 머물러 있는 줄 알았다.

철이 들어 어머니의 손길에서 멀어져 가면서 인생이 행복과 환희로만 이루어진 것이 아님을 알게 되었다. 사람들이 일출을 바라볼 때에는 경건하고 충만한 희망을 갖지만, 노을 앞에서는 왠지 모든 것이 사라져가고 비어가는 듯한 비애와 절망 같은 감정을 느낀다. 언제부터인가 서쪽 하늘에서 서서히 명멸해 가는 노을을 바라보면서 이 세상에는 낙관과 긍정보다는 비관과 부정이 더 많다는 것을 알아가게 되었다.

원하던 대학에 들어가지 못하고 서울에서 재수를 하던 시절에, 하숙집 근처 한강변에 앉아 저녁노을을 하염없이 바라보곤 했다. 그때 한강변에서 바라보던 노을은 알 수 없는 애수의 감정을 자극하였다. 대학에 들어가지 못했다는 좌절감과 낯선 땅에서 혼자 외톨이가 되어 공부해야 한다는 소외감이 더해 노을은 여태와는 다른 새로운 의미로 다가왔다. 이제 이 세상에서 혼자 살아남아야 하는구나, 한 사람의 어른으로 성장한다는 것이 이렇게 어렵고 힘든 일이구나, 나는 이 세상에서 어떤 존재가 될 것인가, 이런 두려움이 순간순간 엄습해 오기 시작했다. 모든 실존의 깊이는 두려움에서 비롯하는 것인지 모르지만 자꾸 이 세상이 두려워지기 시작했다. 시간을 더해 갈수록 세상은 나에게 더 많은 책임과 의무를 강요하는 듯했고, 사랑하는 부모님과 가족의 눈길도 점점 멀어져 가고 있었다. 마침내 나는 홀로 서서 노을을 바라보아야 했고 그 의미를 찾아야 했다.

흔히 사랑하는 여인과 함께 바라보는 노을은 이 세상에서 가장 아름다운 것 중의 하나라고 이야기하지만, 나에게는 첫사랑의 여인에 대한 기억도 애틋한 사랑의 맹세도 이력도 없다. 그저 단 한 번 만났을 뿐이었던 여인 베아트리체를 일생 동안 가슴 속에 간직한 채 사랑한 단테같이, 이루지 못한 사랑에 대한 아쉬움과 그리움이 그림자처럼 드리워져 있다. 단테의 사랑은 『신곡』과 같은 불멸의 시로 남았지만, 나의 저어한 젊은 날의 사랑은 그 누구에게도 전달되지 못한 채 그저 희미한 의식으로 남아 슬픈 연서戀書로 바래지고 있을 뿐이다. 세상에는 아름답기 때문에 슬픈 것도 있다는데 노을은 그중의 하나일 것이다.

이 세상에 변치 않는 것은 아무것도 없다. 우리가 아무리 손을 잡고 떠오르는 태양을 바라보며 영원을 약속하지만 우리가 누구의 태양이 될 수 있으며 누구의 석양이 될 수 있을 것인가, 그저 밀려왔다 밀려가는 파도이며 사그라져 가는 노을일 뿐이 아닌가. 살아가면서 내가 바라보던 노을은 언제나 새로운 모습과 의미로 다가왔다. 이 고달프고 힘든 삶에서 더 깊은 의미를 찾고자 고행하는 수도승에게 삶은 해명하기 힘든 명제와 화두로 가득한 것이다. 세상 어느 곳에선가 지는 노을은 잠들지 못하고 미명의 시간을 기다리다 새벽길 떠나는 여행자 같았다.

인도 바라나시에서 갠지스강의 노을을 바라보면서 나는 삶과 죽음, 이승과 저승의 의미를 생각하고 또 생각해 보았다. 강변의 가트(화장터)에서 피어오르는 연기와 저녁노을 속에서, 존재한다는 것은 무엇이며 소멸한다는 것은 무엇일까 하는 질문은 꼬리를 이었다. 빛이 지나고 어둠이 다가오듯이, 탄생 뒤에 죽음이 오듯이, 화장터의 연기와 함께 떠도는 혼령들의 어깨너머로 퍼져가던 붉은 노을은 미치도록 고왔다. 노을빛이 가득한 갠지스강에서는 자신들의 몸을 씻음으로써 축복을 받고자 하는 사람들로 가득했다. 혼탁하던 강물은 자주색으로 주홍색으로 변해가고 있었다. 무언가를 소원하는 노인과 강물에 꽃잎을 던지는 아낙네들이 갠지스의 붉게 타오르는 성스러운 물에 몸을 적시며 자신들의 죄를 씻고 있었다. 가트에서 다음 차례의 화장을 기다리는 또 다른 주검, 물 위에 떠다니는 버려진 시체와 꽃잎들, 강을 물들이는 붉은 노을을 향해 주문을 외기 시작하는 순례자들, 이들의 영혼과 육신은 갠지스강에 흩어져 떠다니는 꽃잎과 함께 흘러 하늘나라로 갈 수 있을까. 갠지스강에서의 목욕으로 지상에서 지은 모든 죄가 사해질 수 있을까. 우리의 육신이 한줌의 재가 되어 갠지스강에 뿌려진 다 해도 지상의 모든 윤회를 해탈하고 영원으로 초월할 수 있을까.

노을은 욕심이 없다. 햇살 가득하던 낮을 보내고 밤이 다가오기 시작하면 노을은 혼자 남는다. 그렇지만 노을은 울지 않는다. 어둠 속으로 사라져 가는 노을은 소멸해 가는 자신이 외롭고 슬프지만 마지막 남은 모든 것을 다 쓸어안고 가기 때문에 행복하다. 슬픔과 기쁨, 절망과 희망, 존재와 부재를 다 안아준다. 어둠 속으로 사라져가며 끝까지 모든 것을 다 쏟아내어 훨훨 태워버리는 노을은 낮의 모든 것과 세상의 모든 것과 나의 모든 것을 다 알고 있다. 세상에서 저지른 나의 권태와 교만과 죄악을 모두 다 알고 있다. 하지만 아무 말 없이 사라져 간다. 새벽의 문을 열고 나타나 이 세상과 인간의 모든 것을 지켜보며 불꽃같은 삶을 살다가 어둠 속 어딘가로 소리 없이 사라져 간다. 노을에게 과거란 없다. 타오르며 사라져 가는 지금 이 순간이 소중할 뿐이다.

멀리서 들리던 아이들의 노랫소리가 잦아들면서 마침내 태양의 끝자락이 지평선 아래로 가라앉기 시작한다. 저녁놀이 타는 듯이 붉어지는 일몰의 풍경은 아름답고 장엄하다. 일몰의 시간은 꽃이 지는 것만큼이나 한순간이다. 낮 동안 우리를 바라보던 태양은 어느새 수평선 아래로 빨려 들어가듯 사라지고 만다. 이제 곧 위선과 타락이 수런대던 세상을 뒤로하고 노을은 지상에서의 내 헐벗고 남루한 모습을 누군가에게 전해 줄 것이다.

노을은 나를 거칠게 휘몰아가는 초로初老같이 애련한 아쉬움으로 가득 차 있지만, 나는 노을을 외면할 수 없다. 낮이 밤으로 몸 바꾸어 가는 저 찬란하고 아득한 시간의 경계 속에서 노을과 함께 오랫동안 저물고 싶었다.

토우土偶

박물관에서 내가 가장 오랜 시간을 보내는 곳은 토우 앞에서이다. 신라인들이 만든 토우는 마치 초등학생이 만든 찰흙 인형처럼 단순하고 서툴어 보인다. 그 적당한 단순함과 소박함엔 알지 못할 역동감과 생명력이 살아 있다.

인간이 살아가는 모습이 제각각인 것처럼 토우에게도 다양한 삶의 표정이 담겨 있다. 희로애락의 표정을 지닌 채 자신들의 삶의 모습을 형형색색으로 표현해낸다. 환하게 웃는 표정을 띤 친구도 있고, 눈물을 흘리고 있는 친구도 있다. 우울한 표정을 짓고 있는가 하면, 은은한 미소를 짓고 있는 이도 있다. 바지저고리 입고 상투 튼 남자, 주름치마에 저고리를 입은 여자, 가야금을 연주하고 피리를 불면서 춤을 추는 악사, 배를 타고 노를 젓는 어부, 괭이를 들고 밭을 매고 있는 농부, 말을 타고 달리거나 활을 쏘는 장수, 온몸을 밀착시킨 채 뜨겁게 사랑을 나누고 있는 남녀…. 토우는 인간만큼 활기차게 생동하고 있다.

옛사람들은 왜 토우를 만들었을까. 그들은 토우를 만들면서 무엇을 염원했을까. 토우는 무덤의 부장품으로 만들어졌다고 한다. 사람들은 왜 저들을 만들어 함께 무덤에 넣을 생각을 했을까. 사람 대신 신神에게 제물을 바치기 위한 목적에서 혹은 죽은 자의 영원한 삶을 기원하는 의미에서 토우를 무덤의 부장품으로 만들었을 것이다. 함께 땅속에 묻힐 토우의 숫자가 많을수록 사후의 세계를 함께할 가족이 늘어난 것에 대해 위안을 얻고자 했을지도 모를 일이다. 인간은 토우와 함께 이승에서 같이 저승에서도 영원한 삶을 누리길 원한 것이 분명하다.

언젠가 중국 서안의 진시황릉 병마용에서 본 토우들을 기억한다. 흙으로 만들어진 병마들은 보병·기병·수병 등으로 만들어져 가지런히 전투 대열로 서 있었다. 엄청난 규모와 숫자에서도 그랬지만 더욱 놀라운 것은 그 많은 토우들이 제각각 다른 표정과 동작을 하고 있다는 사실이었다. 인간은 지상에서 이루지 못한 것을 천상에서도 이루고자 했고 지상에서 누리던 권세를 사후에도 누리고자 했다. 현세에서의 삶이 얼마나 아쉬웠으면 죽어서도 영원히 살고자 했을까. 그리하여 자신들이 가지고 있던 물건과 사람들을 함께 순장殉葬한 것인가.

태초에 하느님은 흙을 빚어 인간을 만들었다. 인간은 흙으로 만들어졌고 인간의 근원은 흙이다. 흙으로 만들어졌다 흙으로 돌아가는 것이 인생이라 생각하면, 우리네 한평생은 참으로 부질없는 것이다. 아웅다웅하며 살아도 결국 모두 죽어서 땅속에 묻히고 한줌의 부토로 돌아가는 것이 인생인 것을 왜 이렇게 힘들고 고통스럽게 살아가는 것일까. 아무리 아름다운 꽃도 세월이 지나면 마르고 떨어지는 것같이, 우리의 영혼과 육체도 한 움큼 흙과 같은 것이 아닌가.

이 세상에 영원히 존재하는 것은 아무것도 없다. 영혼은 구천을 맴돌며 삶의 회한을 달래려 할지 모르지만 육신은 죽는 순간 썩어 들어가기 시작한다. 죽는 순간, 흐르던 피는 멈추고 살아 움직이던 몸은 정지하게 된다. 정지한다는 것은 모든 것이 멈춘다는 것이다. 몸이 멈추면 그 몸은 서서히 부패해 갈 것이다. 죽음은 그 자체로도 무섭고 두려운 것이지만, 이런 생각을 할 때보다 죽음이 두려울 때는 없다.

'영원'이란 단어는 엄숙하고 아득하다. 영원은 단순한 추상명사가 아니다. 영원은 시간을 초월하고 공간을 초월하여 불변하면서 계속 이어지는 것이다. 때로 나는 영원이라는 단어를 만나면 갑자기 깊은 심연 속으로 빠져들어 가는 것 같은 느낌이 든다. 삶이 끝나 버리고 육체가 썩어 버리고 영혼이 소멸해 버린다고 생각될 때는 한없이 슬프다. 그리하여 언젠가는 나의 모든 것이 한순간에 사라져버리게 될 것이라는 생각에 이를 때, 막막한 두려움과 우울한 감정에 휩싸인다. 한 조각 흙으로나마 살아남은 토우는 오랜 세월 동안 박물관에 앉아 영원히 후세 사람들의 눈길을 끌고 있다. 인간은 잠을 자지만 토우는 잠을 자지 않는다. 긴긴 시간 영원의 시간을 지켜보겠다는 듯이 항상 눈을 부릅뜨고 있다.

가깝게 지내던 박물관장으로부터 토우 한 점을 선물 받은 적이 있다. 책상 위에 올려놓고 아침저녁으로 들여다보는 동안 처음에는 대수롭잖은 흙 인형에 불과했던 것이 자꾸 정이 들기 시작했다. 몇 시간씩 토우 앞에 앉아서 대화를 나누기도 하고 함께 대작對酌을 하기도 했다. 가녀린 몸매와 옷매무새로 보아 여자 토우임에 틀림없었다. 혹시 천년이 훨씬 넘은 신라시대에 처녀귀신으로 혼자 살아가던 아름다운 낭자가 환생하여 내 앞에 나타난 것은 아닌가. 그녀는 신라인의 삶의 이야기와 어느 화랑과의 이루지 못한 사랑 이야기를 해주었다.

우리는 시간과 공간을 넘어 고대와 현대의 서로 다른 인간과 삶에 대한 이야기로 밤을 지새웠다. 손을 잡고 서라벌 장터 어딘가로 가서 함께 거닐기도 했고, 별과 달이 쏟아지는 첨성대 아래에서 「신라의 달밤」을 노래하기도 했고, 기러기와 오리들이 노니는 안압지에서 애틋한 사랑을 나누기도 했다. 기나긴 세월의 업보가 삶을 갈라놓을지라도 헤어지지 말자고 다짐했다.

토우의 모습은 볼수록 사랑스럽고 아름다웠다. 정을 주면 정으로 화답했고, 영혼을 열면 영혼을 열어 응대했다. 질투도 배신도 변심도 하지 않고 말없이 내 곁을 지켜주고 있었다. 허위와 가식과 이기심으로 가득한 인간과 달리 토우는 있는 그대로의 모습으로 그 자리에 있었다. 흙을 빚어서 만든 물건이라고 해서 어찌 생명도 영혼도 없는 흙 인형이라고 말할 수 있으리. 사람으로 태어났으면서도 짐승보다 못한 인간이 있는가 하면, 흙을 빚어 만든 물건일지라도 능히 마음을 움직이고 다른 세상을 보여줄 수 있다.

토우와의 사랑이 깊어가면서 신라의 능과 박물관을 찾아가는 시간은 더욱 잦아지게 되었다. 그곳에서 토우와의 만남은 알지 못하는 존재와 시간에 대한 그리움으로 쌓여 갔다. 토우와의 사랑은 쑥부쟁이 같은 추억이기도 했고, 망초꽃 같은 슬픔이기도 했다. 그들은 비록 한줌의 흙으로나마 이 세상에 살[肉]로 남아 있지만, 나는 육신도 영혼도 없이 영겁의 시간 속으로 사라질 것이 아닌가. 내가 오래전에 누구의 자식이었고 누구의 아비였고 누구의 연인이었는지 아무도 모른 채 땅속에 묻혀 영원히 잠들어버리고 말 것이 아닌가. 지금 이곳에 머무를 시간은 얼마 남지 않았다. 이제 곧 눈앞의 이 시간도 사라질 것이다.

일몰과 함께 멀리서 다가온 어둠이 천년의 세월을 견뎌온 무덤 위에 겹겹이 쌓이고 있다. 어이하여 천년의 잠에서 깨어나 나와 사랑을 나누게 된 토우에게 오늘도 따뜻한 사랑의 눈길을 보낸다.

봄날은 간다

입춘이 되었다고 난리더니 금세 우수와 경칩이 다가왔다. 봄비가 잦고 개구리들이 냇가에서 뛰어다니는 것을 보니 새봄이 왔는가 보다. 그렇지만 날씨는 여전히 쌀쌀하고 세상은 어둠으로 가득하다. 사람들의 입에서는 봄은 우리에게 왔지만 아직도 봄 같지 않다는 의미에서 '춘래불사춘春來不似春'이란 말이 절로 나온다.

아무리 그래도 봄은 봄이다. 세상 곳곳에서 봄기운이 완연하다. 나무들은 새싹을 피우기 바쁘고 아침저녁으로 봄꽃들이 꽃망울을 터뜨리고 있다. 봄은 겨울이 품은 꿈이라 했던가. 사람들도 새봄과 함께 새 삶을 꿈꾸는 듯하다.

어느 계절보다 봄은 우리의 가슴을 설레게 하고 절망에 빠져있는 사람들에게 희망을 떠올리게 하는 힘이 있다. 많은 예술가들의 작품에서도 봄은 춤추며 가슴을 설레게 한다. 르네상스 시대의 화가 보티첼리의 「봄」에도 사랑과 희망은 넘쳐나고, 비발디의 「사계」 중에서 '봄'의 새들은 즐겁게 아침을 노래하고 시냇물은 부드럽게 졸졸 속삭이며 흐른다. 그뿐만 아니라 낭만주의 시인 셸리의 「서풍부」에서는 "겨울이 오면 봄도 멀리 않으리."라고 노래하고 있으며, 피천득의 수필 「봄」에서 마흔 살이 넘은 사람에게도 봄이 온다는 것은 다행스런 일이라고 하였다.

봄과 함께 꽃은 나타나고 꽃은 봄으로 인해 피어난다. 겨울을 이겨내고 봄에 피어나는 꽃과 나무와 짐승들도 기나긴 겨울잠에서 깨어나 분주히 주변을 살피기 시작한다. 봄이 되면 꽃과 나무가 있는 숲은 온갖 생명체들의 소리와 빛의 향연으로 요동친다. 양지바른 곳에 홀로 핀 채 빛나는 산수유, 고결한 자태를 지닌 여인같이 모진 바람 속에서 피어난 매화꽃은 봄이 아름다운 계절임을 보여준다.

인적 드문 숲길을 걷다 보면 봄이 성큼 다가온 것을 실감하게 된다. 숲은 인간이 우글대는 도시보다 신성하다. 숲속에서는 온갖 새들이 자신만의 언어로 노래하고, 꽃과 나무도 봄바람에 온몸을 교태로이 흔들면서 자신의 존재를 드러낸다. 봄의 숲속에서는 우주가 은밀한 조화를 이루면서 생동한다.

진실로 자연은 은밀하고 오묘한 조화 속에서 움직인다. 자연은 다양하고 이질적인 것들을 하나로 조화시킨다. 자연의 다양한 이질성은 때로 혼돈스럽게 보일 수도 있지만 그것이 모순적이고 대립적인 것은 아니다. 은밀한 조화 속에서 거대한 질서를 이루면서 각자는 고유한 형식을 끊임없이 수정하고 변모시켜 나간다. 겨울에 앙상한 가지로만 남아 있었지만, 봄이 되어 나뭇가지에서 새싹이 나오는 질서와 조화의 방식은 너무나 위대하다. 조화의 방식에 의해 죽음과 소멸을 딛고 새로움은 생성된다. 겨울이 가고 새봄이 오면 부활의 새싹이 나타난다. 새봄은 지난봄과 같지만 다른 봄을 맞이한다는 의미에서 새로운 시간과 기억의 축적이다.

법정 스님은 생전에 "봄이 와서 꽃이 피는 게 아니라, 꽃이 피어나서 봄을 이루는 것"이라면서, 봄날에 피는 꽃과 잎의 의미를 새롭게 생각해 보자고 했다. 새로 피어나는 꽃과 잎들이 전하는 거룩한 의미를 보고 듣는다는 것은 얼마나 숭고한 일인가. 봄이 되면 새싹이 움트면서 모든 존재들의 생명활동은 시작되는 것이다.

유행하는 대중가요 중에 「봄날은 간다」라는 노래가 있다. 어느 문학잡지에서 문인 백여 명에게 가장 좋아하는 노랫말을 고르라 했더니 단연 이 노래가 꼽혔다 한다. "연분홍 치마가 봄바람에 휘날리더라/ 오늘도 옷고름 씹어 가며 산제비 넘나드는 성황당 길에/ 꽃이 피면 같이 웃고 꽃이 지면 같이 울던/ 알뜰한 그 맹세에 봄날은 간다." 이 노래를 부르다 보면 아름답고 화려한 것들의 몰락, 그리운 고향과 찬란한 젊음의 상실,

한 시절 머물다 가는 사랑과 인생의 허무 같은 애조를 느끼게 된다.

한 봄을 보내고 또 다른 봄을 맞으면, 가슴 속에는 이루지 못한 삶에 대한 미련과 회한이 가득하게 된다. 지나온 삶에 대한 아쉬움이 많을수록 새봄과 함께 찾아오는 '연분홍 치마'에 대한 추억은 새삼스러워질 수밖에 없다. 아름다운 시간이 지나가고 소망했던 일이 멀어져 갈 때 사람들은 이 노래를 흥얼거리며 자신을 위로한 것은 아닐지.

새로이 맞이하는 봄날보다는 지나간 봄날이 더 아름답고 그리워지는 것은 인지상정이다. 다가온 새봄을 바라보면서 지난 봄을 회상하고 이제 나에게 다시 찾아올 봄도 그리 많지 않다는 생각에 이르면 왠지 가슴이 먹먹해 온다. 마음도 예전 같지 않아 성급하게 꽃망울을 터뜨리는 꽃들을 바라보면서도 감동은 젊을 때 같지 않다. 아무리 열심히 후회 없이 살아왔다 해도 그 속에는 나름대로의 아쉬움과 그리움이 녹아 있기 마련이다. 막상 그때에는 '봄 같지 않다.'고 여겼으나 지금 와 다시 생각해보면, 바로 그때가 인생의 '봄날'이었다. '봄날'에는 삶의 아쉬움과 그리움이 고스란히 담겨있다.

최근 어느 도서관에서 '문화의 날' 행사의 일환으로 강연을 한 적이 있다. 그곳에서 40여 년 전 대학시절에 동아리활동을 하며 친하게 지내던 벗을 만나게 되었다. 아득한 시간의 흐름 속에서 거의 잊혔던 앳되고 세상물정 모르던 소녀는 완숙한 여인이 되어 있었다. 그의 얼굴을 한참이나 바라보면서, 세상의 고민과 걱정을 다 짊어진 채 방황하고 고뇌하던 '잃어버린 시간'이 새벽안개처럼 되살아났다. 화염병과 최루탄이 난무하던 그 시절에는 봄날의 아름다움도 찬란함도 없었다. 오직 살아남아야 한다는 절박한 실존이 있을 뿐이었다. 밀물처럼 밀려오는 삶의 무게를 버거워하며 그저 맹목적으로 사회에 저항하고 세상을 향해 돌을 던지곤 했다.

청춘의 봄날은 그렇게 갔다. 기다리고 기다려도 인생의 봄날은 쉽게 오지 않았다. 역사가 아무리 도도해도 우리의 삶을 구원해 주지는 못했고, 인생은 우리에게 따뜻한 위로의 눈길 한번 준 적 없다. 그때나 지금이나 세상은 크게 변한 것이 없다. 세상은 여전히 비루하고 불의와 부패로 가득 차 있다. '봄날은 간다.'는 평범한 순리를 알지 못하고 인간들은 물질과 욕망을 좇아 짐승같이 이리저리 몰려다니고 있다. 세상은 얼마나 비정한 불모이던가. 마른 것은 마른 대로 젖은 것은 젖은 대로 받아들여 새 생명으로 일구어내는 봄날의 숲과 같은 곳은 없다. 저 찬란한 봄이 피워낸 아름다운 나무와 꽃들도 머지않아 사라져 갈 것이다. 내 인생의 봄날은 언제 다시 한 번 꽃피울 수 있을까.

간밤에 찬란한 봄날을 시샘하듯 비바람이 심하게 불었다. 바람소리가 윙윙거리고 꽃과 나무들도 몹시 흔들리고 있었다. 아침에 창밖을 내다보니 밤사이 떨어진 꽃잎과 풀잎이 바람에

어지럽게 흩날리고 있다. 남아있는 꽃잎과 풀잎들마저 져버리고 나면 우리의 인생도 사랑도 덧없이 사라질 것이다. 실없는 기약과 함께 봄날은 간다.

숲의 노래

나는 숲을 좋아한다. 숲은 지상의 모든 욕망과 거짓을 외면하며 생명과 사랑을 간직하고 있다. 어지럽고 혼탁한 일상을 피해 찾아간 인적 드문 숲길에서 나는 언제나 강렬한 환희와 희열을 맛본다.

새벽녘 여명이 밝아오기 시작하면 숲에선 생명이 꿈틀대기 시작한다. 숲에서는 모든 것이 다시 태어난다. 밤새 정적에 감싸여 있다가 아침이 오면 숲속의 생명들은 일제히 기지개를 켜며 하루를 호흡할 준비를 한다. 오랜 기다림에서 벗어나 겨울이 지나면 곧 돋아날 새순들의 수런대는 소리에 가슴은 두근거린다. 숲에 존재하는 모든 생명체들은 맥박 치며 생동한다. 숲에서는 나무 한 그루와 나뭇잎 하나도 서로가 어우러져 살아가는 작은 생명공동체를 이루고 있다. 작은 생명들이 나무와 꽃의 암수를 연결해주고 이들이 만드는 배설물로 미생물이 생명을 잇는다. 우리가 삶에 지쳐 나약하거나 주저앉아서 나아가야 할 길이 보이지 않을 때에도 숲속의 나무는 그 자리에서 우리를 맞아 준다.

나무들은 언제나 정직하게 그곳에 서 있다. 나무는 위선을 모른다. 저희들 사이에 끼어든 낯선 방문객에게도 오랜 세월 함께했다는 듯 기꺼이 그늘이 되어준다. 뿌리내린 그 자리에서 평생을 살아가지만 나무의 몸과 정신은 무한히 자유롭다. 나무의 정신은 공유의 정신을 통해 실현된다. 곤충과 동물의 몸을 빌려 바람을 타고 날아올라 서로를 나눈다. 나누지 못하는 것은 사람이다. 온갖 이기심에 얽매이고 제 욕망에 사로잡혀 인간은 남과 나누지를 못한다. 숲은 욕망이 없다. 인간같이 끝없는 이기적 탐욕의 굴레에 사로잡혀 괴로워하지 않는다. 숲은 자신이 가진 것을 누구에게든 다 주어버려 텅 비어 있다. 하지만 버림이 또 다른 채움을 만들듯이 언제나 생명과 풍요로 가득 차 있다.

숲은 사랑으로 충만하다. 눈물 흘리며 떨어지는 낙엽에도 아침 이슬을 머금은 풀잎에도 사랑이 담겨 있다. 발아래에는 들꽃들이 자신의 존재를 세상에 알리겠다는 듯 찬란하게 피어 있다. 그들은 서로를 사랑한다. 인간 세상에서는 상대방을 용납하지 않고 적대감에 사로잡혀 있지만 숲에서는 서로 다르다는 것이 오히려 환영받는 일이다. 숲에서는 같은 것이 아니라 다른 것이 아름다운 것이다. 봄이면 온 산을 물들이는 수많은 꽃과 나무들이 있다. 그들은 모두 다른 모양으로 각각의 삶을 살아간다. 다르다고 탓하는 이들은 아무도 없다. 탓하기는커녕 다르기 때문에 서로를 존중하며 살아간다. 각자 제 삶을 충실히 살아가는 것이 다른 생명을 이롭게 하는 일이다. 나무는 나무대로, 꽃은 꽃대로, 풀은 풀대로, 벌레는 벌레대로 저마다의 모습을 지키며 거대한 숲이 이루어진다. 그들은 그렇게 서로 사랑하며 살아간다.

숲길을 걷다 보면 무념무상의 경지에 이르게 된다. 나무와 꽃과 새와 벌레들과 하나가 되어 대화를 나누게 된다. 사랑이 충만한 숲에서는 그림자로만 있어도 좋다. 숲이 품속에 아늑하게 안아 주기만 한다면, 나무가 되어도 꽃이 되어도 풀이 되어도 좋다. 언제부터인가 바다보다는 산과 숲을 더 좋아하게 되었다. 바다에서는 어느 한곳에 머물며 아득한 수평선만 바라보아야 하지만, 산과 숲은 깊은 품안으로 발걸음이 원하는 대로 이끌고 간다. 자연스럽게 자신의 품안으로 끌어안으며 생명과 우주의 신비에 대해 가르친다.

울창한 숲으로 들어가면 하늘로 뻗어 있는 나무들만 있는 것이 아니다. 어떤 나이 많은 나무는 자신의 늙은 뿌리를 드러내며 그 의미를 아느냐는 듯 누워있다. 온화하고 자애롭고 겸손한 만월滿月처럼 맑고 밝은 마음에 대해 일러준다. 비난하고 증오하는 마음을 버리고 세상을 바라본다면 더 깊은 생명의 소리를 들을 수 있다고 말해 준다.

낙엽이 떨어지고 찬바람이 몰아치기 시작하면 숲은 고요와 안식으로 빠져든다. 잎들이 숲을 떠나면 새들도 하나둘 자취를 감춘다. 초록과 새가 떠난 숲은 겨우내 황량한 공간이 된다. 가끔씩 흩뿌리는 눈발과 바람은 숲을 더욱 고독하게 만든다. 봄을 기다리는 사람들 마음이 깊어갈 즈음 비로소 숲에는 푸른 잎이 돋아나고 새소리가 봄을 꿈에서 깨운다. 여기저기서 새들이 봄의 교향악을 울리기 시작한다. 눈이 녹아 계곡물이 되어 흐르고 그 물이 흘러 숲은 다시 활기와 기쁨을 일으킨다.

숲속에서는 거대한 오케스트라가 펼쳐진다. 곤충과 잎들이 서로 몸을 부비고 서걱거리며 아름다운 음악을 연출한다. 뻐꾸기와 직박구리, 참새와 까치, 딱따구리와 붉은머리오목눈이가 숲을 노래한다. 그리움을 노래하는 이름 모를 새들의 노래소리는 청량하다. 세상이나 사회를 원망하기보다는 꿈과 희망을 가지고 현재에 만족하며 즐거운 노래를 한다. 텅 빈 숲은 소리의 전당으로 바뀌어 생물들의 울음소리로 가득하다. 걸을 때마다 기다렸다는 듯이 새로운 음악을 연주해 주는 숲길에서 발걸음은 갈수록 가벼워지고 콧노래가 흘러나오기 시작한다.

우주에서 가장 큰 굉음은 지구가 움직이는 소리라고 한다. 그 소리가 어느 정도인지는 알 수 없지만 너무 큰 것은 실체를 알 수 없거나 볼 수가 없다. 마찬가지로 일상생활에서도 지나치게 큰 기대나 욕망은 헛된 것이기 쉽다. 설령 그것이 실현되었다 하더라도 진정 나의 것으로 소유될 수 없는 것이다. 일상 속에서 진정으로 들어야 할 소리는 권력이나 금전에 대한 허허로운 성공담이나 우리를 기만하는 큰소리들이 아니다. 이런 세속적인 소리들은 숲속에서 자연의 소리를 듣다 보면 모두 부질없는 것이다. 침묵을 아는 자만이 자연이 연출하는 소리의 향연을 들을 수 있다.

한 차례 소나기가 내린 후 숲은 푸름으로 가득하다. 숲의 기운과 소리와 색깔도 모두 푸르다. 골짜기에 흐르는 물소리는 장엄하고, 이름 모를 산새들의 소리는 청량하고, 숲속을 지나가는 바람의 속삭임은 신선하다. 숲의 노래는 자연의 소리이며 신의 소리이다. 그것은 회복과 치유의 소리이며, 안정과 평화의 소리이어서 마음의 눈과 귀로만 들을 수 있다.

숲은 퇴적의 앙금을 남기지 않는다. 천년의 세월을 두고 사라졌다 다시 태어나는 신생의 순환으로 싱싱하다. 숲은 텅 비어 있지만 웅장한 노래 소리로 가득 차 있다.

가을 예찬

가을은 풍요의 계절이다. 가을 들판에 넉넉하고 선선한 바람이 불어오고 있다. 여름 내내 강렬하던 햇볕과 신록을 이루던 풀잎과 나무들이 이제는 떠날 때가 되었다는 듯 저마다 갈 길을 준비한다. 우주의 커다란 질서에 순응하며 그 치열했던 시간을 마감할 준비를 하고 있는 것이다. 살아가면서 깨닫게 되는 불변의 진리가 있다면, 인간이 희로애락하며 아무리 난리를 쳐도 시간과 계절은 어김없이 왔다 떠나간다는 것이다.

봄날의 생동하는 시작도 좋고, 여름의 강렬함도 좋고, 겨울의 잿빛 우수憂愁도 좋지만, 가을의 풍요와 여유가 나는 더욱 좋다. 봄은 꽃을 생산하고 여름은 신록을 생산하고 가을은 아름다운 풀벌레의 울음소리를 생산한다.

서정주 시인은 "초록이 지쳐서 단풍 든다."라고 했지만, 지난여름은 유난히 길고 무더웠던 탓에 초록도 많이 지쳤을 것이다. 초록을 보내고 붉게 물들어 가는 단풍을 보면서 느끼는 감정이 사람마다 같을 수는 없다. 붉은 단풍과 가을 들판을 바라보면서 새로운 삶의 의욕을 느끼는 사람도 있을 것이고 인생무상에 젖는 사람도 있을 것이다.

빈손으로 앉아 있어도 든든한 가을이라고 했다. 인생의 무상함을 생각하며 명상에 젖을 사람에게도, 결실의 계절을 노래하며 삶을 찬미하는 사람에게도, 가을은 축복의 계절임에 틀림없다. 가을은 사계절 내내 땀 흘리며 논밭을 가꾸어 온 사람들에게 하늘과 땅의 축복이 쏟아지는 계절이다. 따사로운 가을 햇살 속에서 수확을 기다리는 가을 들판은 생명의 풍요로움으로 가득하다. 머지않아 빨갛게 익은 사과, 누렇게 살이 오른 배, 탐스런 햇밤과 포도 같은 햇과일들이 진한 단맛을 자랑하며 가을 향기를 안겨 올 것이다. 먼 길에서 돌아온 길손이 안식을 찾듯, 지나온 세월에서 힘겨운 모든 일들은 안으로 다스리고 풍성한 식탁 위에 사랑의 등불을 밝히고 눈물겨운 감사의 기도를 드릴 때이다. 이제 알곡이든 쭉정이든 거두어 다시 한 해의 삶을 마감할 시간이다.

봄철에 한 알의 씨앗으로 심겨져서 열매를 맺고, 한 송이 꽃으로 피었다가 낙엽이 되는 이 가을을 바라보고 있노라면, 경건한 생명의 순환과 결실의 아름다움에 절로 머리가 숙여진다. 가을에 잘 익어 아름다운 것이 어디 과일과 단풍뿐이겠는

가. 우리들의 사랑이 그렇고 우리들의 삶은 그렇지 않은가. 붉게 물든 단풍나무 아래에서 사랑을 속삭이는 청춘남녀와 가을 숲길 속을 다정하게 손잡고 걸어가는 노부부의 모습은 아름답기 그지없다.

가을은 모순으로 가득 찬 계절이다. 가을은 우리네 인생만큼이나 양면적이다. 풍성한 수확과 결실의 기쁨도 잠시일 뿐 가을걷이가 끝나 썰렁한 들판에는 이삭을 잘라낸 앙상한 볏단 더미만 여기저기 남아 수확의 덧없음을 보여준다. 지난여름 그토록 무성했던 나뭇잎들은 떨어지고 '마지막 잎새' 하나가 남아 힘겨웠던 세월을 보여 주며 겨우 매달려 있다. 가을은 모든 것이 결실을 거두는 풍요의 계절이면서 동시에 상실의 계절이기도 하다. 가을은 만족과 아쉬움이 삶과 죽음이 공존하는 계절이다. 수확의 계절이면서 동시에 상실의 계절인 가을에 라이너 마리아 릴케의 감사기도의 속내가 무엇일까 궁금해진다.

자연의 순환에 몸을 맡기고 마지막으로 자신을 불태우는 단풍의 모습은 아름답지만 처절해 보인다. 가을에 되돌아보는 일 년은 아쉬움으로 가득하다. 자연의 사계절은 순환되지만 인생의 사계절은 한 번뿐이다. 가을이 지나고 나면 이제 노쇠한 겨울만 남는다. 가을이 쓸쓸하고 서글픔을 가져다 준다고 하지만, 정작 가을이 슬픈 것이 아니라 우리들 자신과 삶이 슬픈 것이 아닐지.

가을 하늘은 왜 저렇게 푸르고 아득한가. 가을 공기가 맑아서라기보다 이 땅에서 살아가야 하는 현실이 어둡고 힘들기 때문에 더욱 청명하게 느껴지는지 모른다. 그래서 가을이 되면 지난 시간을 회상하고 상념에 빠지는 사람이 많아지는가 보다. 봄보다도 가을을 사랑하는 사람이 더 많은 것은 코스모스나 단풍보다도 저 깊은 가을 하늘 때문이다. 우리가 지상만 바라보며 너무 아득바득 살지 말고 간혹 저 푸른 하늘을 바라보며 여유롭게 살라고 이야기해 주는 듯하다. 멀리 떠나간 사람도 생각해보고, 지나간 시간도 되돌아보라고 일러준다. 지나치게 교만하고 욕망에 사로잡혀 살아가고 있는 것은 아닌지 살펴보라고 말한다. 가을은 채움과 비움, 넉넉함과 가난함이 어떠해야 하는지를 가르친다.

우리 사회에서 액수와 관계없이 기부자들은 할머니가 많다. 평생을 힘들게 삯바느질을 하고, 구멍가게를 해서 한푼 두푼 모은 재산을 그늘진 곳을 위해 서슴없이 내놓는다. 재산이든 권력이든 가졌다 하면 움켜쥐고 자식들한테만 물려주기에 바쁜 각박한 사회에서 할머니들의 마음은 깊고 푸른 가을하늘을 닮았다.

가을은 깊어 갈수록 화려함을 더해 가지만 그것은 떠날 준비를 위한 향연이다. 그렇다고 가을이 쇠락의 계절은 아니다. 낙엽이 지는 것은 다음에 올 찬란한 봄을 준비하기 위한 것이지 죽음을 의미하는 것은 아니다. 가을은 우리에게 만남과 이별의 시간을 알려 준다. 그동안 얼마나 아름답게 살며 어떤 열매를 맺었느냐고 물으며 꽃이 피고 열매를 맺으며 행복했던 순간들을 기억하게 한다.

가을은 오가는 인연의 옷깃에 쓸쓸한 바람으로 불어와 결실과 상실, 만남과 헤어짐을 모두 소중하게 껴안아 준다. 성숙하고 아름다운 포옹을 나눌 수 있는 계절이기 때문에 나는 가을을 좋아한다.

길을 묻다

오늘도 어딘가로 가기 위해서 길을 걷는다. 지금 어디로 가고 있는가. 지금 가고 있는 길은 옳은 길인가. 이 길은 되돌아갈 수조차 없이 너무 멀리 와버린 길은 아닌가. 하루에도 여러 차례 되풀이하는 질문이다. 배낭 하나 달랑 메고 이역만리 외국에서 길을 걸을 때에도 이런 질문은 계속된다.

사람들은 흔히 "길이 끝나는 곳에서 길은 다시 시작된다."라고 말한다. 길은 시작이며 끝이지만 그 길을 걷는 사람에게는 잠시 스쳐 지나가는 장소에 불과한 것이다. 길의 시작에서 길의 끝을 생각하는 사람은 드물다. 흔히 사람들은 여행길이 인생길과 같다고 이야기한다. 여행길이 인생길과 유사하다고 이야기되는 이유는 여행길에서는 다양한 길이 있고 다양한 사람을 만나기 때문이다.

사람들이 만들어 놓은 길은 물론이고 인생길도 끝나는 곳에서 다시 시작되지 못하는 경우가 많다. 아니 인생길에서는 길이 끝나는 곳에서 길은 다시 시작되지 못한다. 인생길에서는 누구에게나 모든 길은 단 한 번이다. 여행길에서와 달리 인생길에서는 왕복표를 발행치 않는다. 한번 출발하면 다시 돌아올 수 없는 것이 인생길이다. 인생길이 다시 되돌아올 수 없다는 것은 인생길의 끝은 죽음이며, 우리가 살아 숨 쉬는 시간과 공간의 일회성을 말해주는 것이다.

우리는 지금도 다시 돌아올 수 없는 길을 걸어가고 있지만, 마음만 먹으면 언제나 되돌아갈 수 있는 것처럼 자신 있게 걸어간다. 살아가는 동안 만나게 되는 수많은 '길' 위에서 우리는 만나고 헤어지게 된다. 지금 이 길로 가는 것이 맞는가 하고 고개를 갸웃거리면서도 가던 길로 그냥 나아간다. 시간이 지난 후에야 '아, 그때 그게 아니었는데.' 하고 후회를 하지만, 그때는 이미 되돌아갈 수 없다는 사실을 알고 실망과 좌절에 빠지게 된다.

인생길에서 우리는 어느 길을 선택할 것인지 기로에 직면하게 된다. 많은 시인들이 인생을 길에 비유하며 희망과 절망을 이야기하는 것도 그 때문이다. 미국 시인 로버트 프로스트는 「가지 않은 길」에서 이렇게 노래한다. "노란 숲속에 난 두 갈래 길/ 아쉽게도 한 사람 나그네/ 두 길 갈 수 없어 길 하나/(중략)/ 먼 먼 훗날 어디선가 나는/ 한숨지으며 이렇게 말하리라/

어느 숲에서 두 갈래 길 만나, 나는/ 사람 덜 다닌 길을 갔었노라고/ 그래서 내 인생은 온통 달라졌노라고." 프로스트의 이야기대로 인생은 길을 선택하는 일, 아니 길을 찾는 일의 연속이다. 내가 선택한 길이 최선이었는가. 찾은 길이 옳고 바른 길이었나. 제대로 길을 찾기는 했는가.

어린 시절 나는 흔히 컴컴한 막다른 골목길에서 울고 있는 꿈을 꾸곤 했다. 되돌아보면 나는 늘 막다른 골목길이나 갈림길에 서 있었다. 굽은 길 혹은 미로 속을 헤매며 울고 있었다. 시인들은 자신이 걸어온 길과 앞으로 갈 길에 대한 모든 정열을 시에 쏟아 붓고, 여행가와 탐험가들은 만나지 못한 길의 자락에서 보이지 않는 길과 고투한다. 콜럼버스는 그렇게 보이지 않는 길을 헤쳐 나아가 새 역사를 개척했다. 언제나 길은 새로운 삶의 욕구를 위한 생의生意와 설렘의 길이었다.

새로운 길에 대한 소망의 표현이 문학가나 여행가들만의 것은 아니다. 우리도 항상 새로운 길을 소망한다. 어린 시절 길은 언제나 컴컴하고 막다른 곳으로 여겨졌지만, 청년이 되었을 때 길은 아득하게 멀리 느껴졌고, 중년이 되고 노년이 되어서는 이 길이 빨리 끝나지 않기를 간절히 바라게 되었다. 지루하게 방황하던 청년시절이 지나 중년이 되면 초조한 마음에 무언가를 거두기 위해 허둥대며 앞뒤 볼 것 없이 달린다. 노년이 되면 모든 인연의 끈이 점차 사라지고 이제 가야 할 길이 멀지 않다는 것을 알게 된다. 몸은 여기저기 자꾸 아파오고 뒷골목길

모퉁이만 보아도 서럽고 지는 해만 바라보아도 슬프다.

인생길은 끝을 알 수 없기 때문에 고단하고 힘들다. 지나온 길은 알 수 있으되, 앞으로 다가올 길은 가보기 전에는 알 수 없다. 황혼녘 벌판을 달리는 열차가 아름다운 것은 앞을 볼 수 없기 때문인지 모른다. 굽이굽이 수없는 길을 걷고 또 걸어 왔건만, 왜 바로 앞의 길은 내다볼 수 없는 것인가. 어디서부터 걸어왔는지 또 어디까지 걸어가야 하는지, 길은 미궁 속에서 끝없이 이어져 있다. 길을 따라 불어온 한 줄기 바람도, 길가에 피어있는 들국화도, 갈 길을 잃고 길바닥에 주저앉아 있는 자신도, 길은 어디서 끝이 날지 알 수가 없다.

길 위에서의 만남은 잠시 동안의 스침일 뿐이다. 그것이 살아있는 것이며 의미 있는 무엇이라고 생각하며 걷고 또 걷는다. 길 위에서의 실존은 언제나 불안하고 위태롭다. 그렇지만 어느 한 순간도 나는 길로부터 벗어나 있은 적이 없다.

길 저편에서 흥겹게 걸어오던 한 무리의 사람들이 내 곁을 스쳐 지나간다. 길 위에서 만나는 많은 사람들에게 나는 어떤 여행자로 보일까. 내가 그들을 바라보았던 것처럼 그들도 나의 여행을 '진지한 순례'로 바라보고 있을까. 우리 모두는 삶이라는 각자의 순례길을 뚜벅뚜벅 걸어가고 있다. 우리는 끝없이 이어진 여정 위에 서 있는 여행자들이며 순례자들이다. 저녁이면 해가 저무는 것을 바라보며 안식처를 찾아야 하고, 아침이면 다시 길을 떠나야 하는 외로운 여행자들이다.

안개 속 같은 인생길에서 쉽게 길을 잃는다. 복잡한 미로들이 안개 속에서 나타났다 사라지기를 반복하면서 이름 모를 길 위에서 길을 잃고 홀로 망연히 서 있곤 한다. 잃어버린 길 위에서 아득한 혼돈 속으로 빠진다. 혼돈 속에서 갈 길을 헤매다가 다시 신발 끈을 고쳐 매고 새로운 길을 찾아 나선다. 길을 잃어보지 않은 사람은 모른다. 잃어버린 길 저 멀리서 비추어 오는 불빛이 얼마나 황홀한 것인가를.

갈 길이 보이지 않는다고 털썩 주저앉은 적이 한두 번이던가. 그래도 새로운 길을 다시 찾아 나서야 하고 그 길 위로 또 다른 태양이 떠오른다. 오직 길을 가는 사람만이 무언가를 볼 수 있고 어딘가에 닿을 수 있다. 날이 밝으면 오늘도 어디론가 떠나는 사람에게 길은 또 다른 길을 보여준다.

항구의 이별

제주항에는 오늘도 많은 사람들이 북적대며 어디론가 떠나가고 돌아온다. 육지를 드나들 때 나는 이따금씩 여객선을 이용하려 애쓴다. 제주공항을 이륙한 지 한 시간 정도면 어딘가에 도착할 수 있는 비행기는 현대문명의 신속성과 편이성을 잘 반영하는 여행수단이다. 그에 비해 배를 이용한 여행은 밤새도록 운항해서 다음날 아침에야 육지에 닿는다는 단점이 있다. 그렇지만 하루를 마감하며 바다를 물들이는 일몰의 광경, 갑판 위에서 바라보는 망망대해의 바다 풍경, 선실에서의 낯선 사람들과의 만남은 배 여행이 아니면 맛볼 수 없는 일이다.

배를 타고 삼등실에 들어가니 벌써 서로 좋은 자리를 차지하기 위해 많은 사람들이 법석대고 있다. 자리를 깔고 미리 누운 사람, TV를 보는 사람, 책을 읽는 사람, 성급하게 술판을 벌이는 사람들…. 대충 자리를 잡아두고 갑판으로 나가 본다. 저 멀리 항구에서 한 여인이 손수건으로 눈가를 훔치며 배를 향하여 손을 흔들고 있다. 정확히 얼굴은 보이지 않지만 울고 있는 듯 어깨가 몹시 흔들리고 있다.

손수건을 흔들며 항구에서 이별하는 모습이 1950, 60년대 신파조 영화에서나 볼 수 있는 광경이라 생각하는 듯 갑판 위 사람들은 아예 관심이 없다. '이수일과 심순애'의 시대에서나 쉽게 볼 수 있던 저런 모습이 정서가 마른 멸치같이 메말라버린 이 삭막한 시대에는 어색하게 보이기도 한다.

갑자기 청승맞고 구성진 목소리로 한때 인기를 끌던 어느 여가수의 「남자는 배 여자는 항구」라는 노래가 생각난다. "언제나 찾아오는 부두의 이별이 아쉬워 두 손을 꼭 잡았나. 눈앞에 바다를 핑계로 헤어지나 남자는 배 여자는 항구…." 아마도 항구에서 사랑하던 임과의 이별을 그리워하면서 지었을 곡이라 추측된다. 남자는 항구에 와서 잠시 머물다 떠나가는 배로, 여자는 떠나가는 남자를 어찌하지 못하고 남자가 돌아오기만을 기다리는 항구로 비유된다. 얼마나 애절한 노래인가. 요즘 화제를 끌고 있는 '동물생태학'에 의하면, 어느 종족에게서나 암컷은 한곳에 정착하며 새끼들을 낳아 키우고 수컷들은 떠돌아다니며 사냥을 하는 것이 생태적 본능이라 한다. 인간의 운명도 다른 포유동물들과 다를 바 없는 것인지 남자는 왔다리 갔다리 하며 떠나는 배, 여자는 끝없이 그곳을 지키는 항구로 여겨져 왔다.

요즘은 세태가 바뀐 탓인지 항구의 풍경도 많이 달라졌다. 이제 항구에는 이별이 없다. 이별이 없으니 항구에서 멀어져 가는 여객선을 향해 손수건 흔들며 눈물 흘리는 여인도 없고, 그에 화답하는 애달픈 뱃고동 소리도 사라져 버렸다. 뱃고동 소리를 울려대는 파이프를 멋지게 문 마도로스의 노랫소리도 없다. 여인의 눈물 젖은 손수건 대신에 휴대폰의 소음만이 여기저기서 요란하게 울려댄다. 기술문명이 항구에서의 낭만과 그리움과 눈물을 모두 앗아가 버렸다.

성공이나 물질 추구에 여념이 없는 가운데 우리는 얼마나 소중한 것들을 상실하고 있는지 모른다. 우리가 잃어버린 것은 외부에서가 아니라 내부에서이다. 이렇게 하나 둘 소중한 것들을 버린다면, 마침내 이 세상에서는 눈물도 사랑도 그리움도 없어지게 될 것이다. 현대를 살아가는 사람들은 사랑을 하는 데에도 정말 여유가 없다. 비행기 대신에 여객선을 타고 밤새워 가는 것을 못 견뎌 하는 것같이 모든 것이 속도전이다. 인스턴트 음식을 먹어치우듯이 우리들의 사랑도 급하게 시작되고 급하게 끝난다. 단숨에 모든 것을 해치우는 성급한 토끼가 아니라 사랑하는 사람을 위해서 모든 것을 받아들이며 기다려주는 거북이가 될 수는 없는 것일까.

우리들 주변에서 사랑의 언어는 주체할 수 없을 정도로 많이 널려 있지만 이별의 언어는 찾아보기 힘들다. 이별은 무조

건 슬픈 것, 피하고 싶은 것으로 인식하기 때문인지 모른다. 인정하기 싫은 사실이지만 사랑도 사람도 변하기 마련이다. 영원히 변치 않을 사랑이란 없으며 언젠가 그 사랑은 종말에 이르게 된다. 이 '상실의 시대'에 우리에게 정말 더 필요한 것은 '이별 연습'이라 할 수 있다. 우리는 하루에도 많은 사람들과 이별을 한다. 사랑하는 사람과의 불화와 갈등으로 인한 이별, 죽음으로 인한 이별, 소중한 시간과의 이별을 맞이한다. 우리는 매일 수많은 인연과 아까운 시간과 이별하기 위해 산다고 해도 과언이 아니다. 이별은 헤어짐의 슬픔만 주는 것이 아니라 그동안 모르고 지내왔던 상대방에 대한 소중함과 감사함이란 선물도 동시에 준다. 마지막 순간에 우리는 '만남'과 마찬가지로 '이별'도 소중하게 받아들여야 한다.

항구에 정박하고 있는 빈 배들이 보인다. 조용히 몸을 쉬고 있는 배는 참으로 편안하고 평화롭다. 길고 긴 항해에서 닻을 내리고 힘들었던 항해를 중지하고 소중한 안식과 위로가 되는 곳이 항구이다. 사람들은 저마다 사랑과 희망을 싣고 자신의 배를 출항시킨다. 때로 배는 거친 파도 때문에 나아가지 못하지만, 항구에서의 안식과 평화에 대한 희망이 있기 때문에 항해를 중단할 수 없다. 떠남과 기다림의 항구는 희망과 안식이 되어주는 사람, 슬픔을 견디며 기다려주는 사람들이 있는 아름다운 곳이다.

하루를 마감하며 저 멀리 붉게 사라져 가는 저녁노을을 등

대가 묵묵히 바라보고 있다. 사랑하는 사람이 떠나는 항구에 나가 보라. 떠나가는 배를 향해 손을 흔들며 울어 보라. 그러면 사라졌던 젊은 날의 애끓던 연정과 희망이 다시 피어오를 것이다. 손수건을 흔들며 애달프게 울고 있는 저 여인같이.

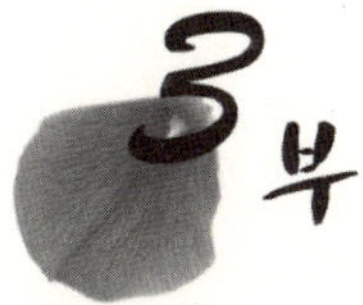

3부

직녀에게

한때 나의 애창곡은 「직녀에게」였다. 이탈리아 민요 「오 솔레 미오」나 루치아노 파바로티 흉내를 내며 「라 트라비아타」에 나오는 멋진 아리아를 부를 수도 있었지만, 「직녀에게」의 애절한 가사와 곡조가 더욱 마음에 들었기 때문이다.

"이별이 너무 길다/ 슬픔이 너무 길다/ 선 채로 기다리기엔/ 세월이 너무 길다."로 시작하는 이 노래의 가사는 원래 문병란 시인이 남과 북의 갈라진 현실을 슬퍼하면서 통일을 염원한 서정시였지만, 분단의 현실처럼 사랑하는 연인의 이별을 노래한 것이기도 하다. 시인의 의도야 어떠하든 이 노래의 애절하고 구성진 가사와 곡조가 나는 너무나 좋았다. 어느 시대에서든 애절하고 간절한 노래는 줄곧 있어 왔다. 아니 그런 노래는 슬픔과 함께 태어나고 아픔 속에서 꽃처럼 피어났기에 더욱 애절한 것인지 모른다.

삶에서든 문학에서든 노래에서든 애절함 앞에서는 속수무책이다. 인생과 문학에서 현실주의니 앙가주망이니 하지만 그것들은 뻔한 이야기다. 아무리 냉엄한 이성과 현실을 외친다 해도 배고프고 사랑에 굶주린 놈들은 극한에 이르면 다 피 같은 눈물을 흘리게 마련이다. 울며불며 바짓가랑이 잡고 매달리는데도 뿌리치고 가는 놈은 뒤도 돌아보지 말라. 그들은 대개 싹수가 노란 놈들이다. 눈물도 없고 감정도 메말라 버린 사람과 무슨 인생을 이야기하고 사랑을 논할 것인가. 단언컨대 내가 울 때 함께 울어주지 못하고 눈물에 눈물로 답하지 못하는 인간들과는 상대하지 마라. 우리는 누구에게도 눈물을 흘리며 쉽게 매달리지 않는다. 아무리 떠나가는 버스와 돌아서는 여인은 뒤돌아보지 말라고 하지만, 그놈의 자존심 때문에 떠나는 이들의 앞길을 가로막고 울며불며 매달리지는 못한다.

칠석날이 다가오자 사람들은 견우와 직녀의 만남과 이별을 이야기한다. 그들은 일 년에 한 번 오작교에서 만나 눈물짓고 헤어진다. 견우와 직녀의 만남과 이별은 아무리 봐도 애절하기 짝이 없다. 보고파도 못 보는 애달픈 사랑을 참고 견디다 간신히 만나 서로를 바라보면서 그저 시린 눈물만 흘린다. 서로를 갈라놓은 다리를 넘어 이쪽 세상에서 저쪽 세상으로 마음대로 건너가기를 꿈꾼다. 환상과 실제 사이, 몸과 마음 사이, 감성과 이성 사이를 넘나들고 싶어 한다. 그러나 따뜻하고 진실한 만남은 쉽게 오지 않는다. 언제나 이쪽 세상의 문을 걸어 잠그고 저쪽 세상을 바라보면서 서로 멀리 떨어져 있다. 늘 건너편에서 서로의 존재가 되지 못하는 부재의 아득함, 오작교는 그런 곳이다.

우리는 기다림의 시간을 참지 못한다. 누군가가 쉽게 다가오기를 기다리고 무언가가 쉽게 완성되기를 바란다. 누군가를 기다리는 것은 아름다운 마음이다. 그리운 사람에게 편지를 띄우고 우체통을 바라보며 답장이 오기를 기다리는 마음, 오해와 갈등으로 떠난 사람이 언젠가는 돌아오기를 기다리는 마음, 어딘가로 나를 데리고 갈 열차를 시골 간이역에서 기다리는 마음이 자꾸 사라져 가고 있다. 기다림은 꼭 만남을 목적으로 하는 것이 아니어도 좋다. 그 속에는 조급함을 억누르는 끈기와 인내가 담겨 있다. 기다림은 인생 그 자체이다. 우리의 삶은 크고 작은 기다림의 연속이 아니던가. 기다림이 없는 자는 희망이 없는 사람이다. 그는 사랑도 기쁨도 열정도 없이 그냥 존재하는 사람일 뿐이다. 사랑하는 연인을 만나기 위해 기다릴 줄 아는 마음이 없는 사람은 오작교에 오지 마라.

달빛과 별빛만이 교교한 오작교에서는 목소리가 들리지 않고 몸짓만이 있다. 진정으로 소중한 만남에서는 언어가 필요 없을 때가 있다. 눈빛만으로 서로를 바라보며 사랑할 수 있을 때 언어란 허식이며 소리일 뿐이다. 사랑하는 사람을 눈앞에서 저세상으로 떠나보내야 할 때, 기막힌 타락과 불의가 진실과 정의를 이기는 것을 볼 때, 팽목항에서 너울대는 노란 리본을 바라볼 때, 언어란 부질없는 것이다. 기다리고 기다리다 겨우 만나 못다 한 사연을 다 풀어내지도 못하고 몸짓과 손끝만 바라보다 헤어져야 하는 연인의 모습보다 더 슬픈 광경이 있을까. 오작교에서는 어설픈 언어로 사랑을 구걸하거나 탐욕스러운 사랑을 나누려 해서는 안 된다. 그런 사람은 오작교에 오지 마라. 말없는 눈짓과 몸짓으로도 진실하고 간절한 사랑을 나눌 수 있는 사람, 직녀를 위해 기꺼이 은하수에 몸을 던질 수 있는 사람만 오작교에 오라.

소리 없이 은하수만 흘러가는 오작교에서는 모두 실어증을 앓는다. 오작교에서 가장 슬픈 것은 서로 이름을 부를 수 없다는 것이다. 이름이 없어서가 아니라, 있는 이름을 부를 수 없다는 것은 더욱 슬픈 일이다. 아무 말 없이 직녀는 내 곁에 있고, 나는 직녀 곁에 있다. 직녀를 향해 나는 감정을 말하려 하지 않는다. 사랑은 마음과 마음을 나누는 것이다. 말은 가까이 있고 사랑은 저 멀리 있다. 기억 속에 퇴적되고 무수한 망각 속에서 이따금씩 부화하는 말, 말은 서로에게 상처와 아픔을 준다. 이 지상에서 떠도는 사랑 없는 말과 부질없는 말들보다는 차라리 침묵이 더욱 진실되다. 아무리 처절한 슬픔일지라도 언어화되는 순간, 구차한 슬픔으로 세속화되는 경우는 허다하다. 우리가 침묵하는 것은 할 말이 없어서가 아니라, 하고 싶은 말을 표현할 수 있는 방법을 모르기 때문이다.

인연이란 흐르는 강이고 지나가는 바람이다. 가족과 친구들과 그동안 만난 사람들과의 모든 만남은 흐르면서 지나간다. 삶도 언제나 흐르는 강물처럼 지나가는 바람처럼 떠나간다. 우리는 서로를 사랑한 적 없는 듯이 헤어진다. 깊게 맺은 언약도 부질없이 서로는 인연을 버린다. 존재는 부재하다고 느낄 때 더욱 강하고 질기다. 오작교는 밤처럼 저승처럼 깊어간다. 오작교에서 어둠이 짙어질수록 견우와 직녀는 침묵으로 애달파 한다. 은하수 건너 오작교가 없고 노둣돌이 없어도 우리는 다시 만나야 한다. 이별도 슬픔도 끝나고 다시 만나야 한다. 삶에서는 만남의 기쁨보다는 이별의 슬픔이 더 많다. 만남은 축복의 순간이지만 이별은 고통의 시간이다.

만남은 어디든 데려다주는 바람이자 존재를 이어주는 다리였지만, 고통스런 이별의 순간은 어김없이 찾아온다. 생의 매 순간마다 만남과 이별은 동시에 왔다. 사랑하고 이별하는 법을 아는 것은 인생을 아는 것만큼 힘든 일이다. 인간과 세상에 대한 최소한의 사랑이 없었다면 이 길고 험난한 인생을 어떻게 살아올 수 있었을까. 누군가와 함께 존재한다는 것이 사랑 없이 가능할 수 없듯이 삶의 퇴화는 베푸는 사랑이 없을 때 일어난다.

직녀여, 이제 헤어질 시간이다. 헤어질 시간이 되어서야 비로소 진정한 사랑의 깊이를 알 수 있다고 한다. 모든 것을 다 바쳐 사랑하던 사람들도 헤어질 때는 남남이 된다. 인간사와 자연의 이치는 만남과 이별 속에서 이루어지고 사랑도 마찬가지다. 저 칠월의 푸른 밤이 곧 지나가 버리듯이, 우리의 사랑 이야기도 곧 풍문으로 남아 사람들에게 떠돌 것이고 망각의 강으로 흘러갈 것이다.

잔뜩 흐려진 밤하늘에서 한두 방울씩 비가 내리기 시작한다. 칠석날에 내리는 비는 견우직녀가 헤어지기 싫어 흘리는 눈물이라 한다. 견우직녀가 만났다 헤어지는 날, 나는 오작교를 바라보며 「직녀에게」를 애타게 불렀다.

서해에서

오랫동안 서해는 아름답지 못한 바다라는 편견을 가지고 있었다. 푸른 파도가 넘실거리는 동해나 물속이 훤히 다 들여다보이는 투명한 제주 앞바다가 진짜 바다라고 생각했다. 파도가 없고 수심도 낮으며 갯벌이 많아 물이 혼탁하고, 많은 섬으로 시야가 막힌 서해는 바다도 아니라고 여겼다. 그래서 이삼십대 청년시절엔 바다 하면 당연히 동해를 떠올리며 친구들과 동해로 여행을 떠나곤 했다.

그런데 언제부터인지 서해가 좋아지기 시작했다. 온 하늘을 붉게 물들이는 낙조, 잔잔한 바다가 주는 평화와 정적, 그림처럼 아기자기한 섬의 모습이 오히려 바다의 아름다움을 더 깊게 해주는 것 같았다. 서해 같은 중년 여인과 함께 오랜만에 서해를 찾아갔다.

서해의 해 질 녘 풍경은 한 폭의 잘 그려진 수채화처럼 아름답다. 육지 쪽 깊숙한 곳에 자리한 내항의 방파제에 올라서면 탁 트인 바다와 낙조가 한눈에 들어온다. 서해를 가장 서해답게 만들어주는 것은 바로 일몰의 순간이다. 사라지면서도 더욱 아름다워지는 것은 일몰이다. 서해는 해가 지기만 하는 바다이고, 세상을 잠재우는 바다 같다. 지상의 모든 저녁을 다 쓸어안고 혼자서 돌아누우며 조용히 잠든다.

낙조가 여울진 수면 위로 통통배는 미끄러지듯 흘러간다. 태양이 수평선 아래로 가라앉기 시작하면 갈매기 떼에 둘러싸인 고기잡이배가 황혼이 물들기 시작하는 항구로 속속 귀항한다. 푸르던 하늘도 어느새 붉은빛으로 바뀌고 낮동안 출렁이던 바다는 어둠으로 물들어간다. 하늘을 유유히 날아다니는 갈매기의 모습도 유난히 평화롭다. 저녁 하늘을 나는 갈매기들은 깊은 사색과 명상에 잠긴 듯 한가하게 날아다닌다. 우울한 썰물은 때가 되면 이 모든 것을 다 쓸어가 버린다.

밀물과 썰물은 나날의 힘겨운 삶을 살아가야 하는 인간의 모습을 연상시킨다. 서해는 달을 향한 그리움이 어찌 저리 간절하기에 모든 것을 다 버릴 듯 밀려갔다가 밀려오는가. 우리의 일상적인 삶은 오늘도 내일도 계속될 서해의 밀물과 썰물과 참으로 닮아 있다. 모든 것을 다 바칠 듯 다가오는 밀물, 언제 그랬냐는 듯이 허무하게 떠나가는 썰물, 그들은 지친 표정도 없이 그저 무심하게 밀려왔다 밀려간다. 그렇지만 서해의 밀물과 썰물이 모든 것을 다 버리고 떠나는 것은 아니다. 썰물은 떠나가면서도 인간에게 또 다른 선물을 가득 안겨준다. 썰물이 되면 드러나는 수많은 작은 생명체들이 꿈틀대는 갯벌과 이름 모를 무인도는 서해의 또 다른 신비로움이며 황홀함이다.

서해는 단번에 모든 것을 다 쓸어가 버릴 것같이 일렁이는 큰 파도는 없어도 은근한 몸짓으로 모든 것을 다 안아준다. 썰물로 바닷물이 빠져나가자 시커먼 갯벌이 드러난다. 진흙탕 정도로만 보았던 갯벌은 수많은 생명체들이 역동적으로 살아있는 동물의 세계이다. 갯벌은 저녁햇살을 받으며 황금들판같이 반짝인다. 바다 냄새가 그윽한 갯바람에 황금빛 햇살이 뉘엿뉘엿 긴 숨을 누이면, 노을은 갯벌 구석구석으로 내려앉는다.

저녁햇살이 뻘 위에 쏟아져 내리고 빛의 파편이 눈 위로 부서져 오면 그동안 참아왔던 서해 아낙네들의 설움도 녹아내린다. 수많은 세월을 바다만 바라보며 갯바닥을 긁어온 아낙네들은 구부정한 허리를 굽히고 바쁜 손놀림으로 망태기 한 가득 바지락이며 세발낙지를 채워 넣는다. 고단한 몸을 이끌고 집으로 돌아가는 그들의 귓가에는 파도 소리가 뒤따른다. 아낙네들이 떠나고 정적만이 가득한 갯벌엔 이따금씩 바닷새들의 앙칼진 울음소리가 바다의 고요를 깨뜨린다.

서해에는 셀 수 없을 정도의 크고 작은 섬들이 점점이 떠 있다. 어두운 밤하늘의 샛별처럼 바다에서 반짝이는 섬, 썰물이 되면 걸어서도 갈 수 있는 무인도가 있다. 곰실거리는 바다 저 멀리 작은 섬 하나가 떠 있다. 바다가 삼켜버린 섬은 겨우 날갯죽지만 남아 있다. 누군가 그 섬에서 허우적거리고 있다. 이 복잡하고 힘든 세상을 떠나고자 하는 로빈슨 크루소의 표류인가. 다가설수록 섬은 뒷걸음질친다. 서해에 점점이 떠 있는 섬들은 내 안에 있어도 내가 모른 채 그리워하는 섬이다.

사랑을 거부하는 여인의 마음처럼 바다는 싸늘했다. 바다는 밀려왔다 밀려가면서 누군가의 발자국을 자꾸 지워버린다. 그 바다 위에 노을이 침통히 가라앉는다. 바다를 밝혀줄 등대는 어둠을 기다린다. 어둠이 밀려오기 시작하자 포구 앞 어선들은 길고 긴 휴식에 빠져든다.

동해가 생동하며 몸부림치는 바다라면, 서해는 황량함과 쓸쓸함으로 가득하다. 동해가 사랑에 빠진 젊은 여인이라면, 서해는 세상 풍상을 다 겪으며 파란만장한 삶을 산 중년 여인 같다. 서해를 바라보고 앉은 아낙네들 얼굴엔 저 바다를 다 채우고도 남을 설움이 그렁그렁하다. 태안에서 연평도까지 이어지는 서해의 섬 굽이굽이에는 잊히지 않을 슬픔과 역사가 많기도 하다.

태안 앞바다는 인간의 욕심에 의해 푸른 바다가 검은 바다가 되어 바위와 자갈은 검게 물들었다. 굴을 따던 갈퀴 같은 할머니의 손은 검은 기름에 절었고 어부의 생명줄은 포구에 닻을 내렸다. 기름을 잔뜩 뒤집어쓴 갈매기와 게들은 검게 변한 바위틈에서 몸부림치며 눈물을 흘리고 있었다. 죽음의 바다에서 서해의 저녁노을도 빛을 잃어버리고 검게 타올랐다.

서해교전과 천안함 사태가 일어나 서해를 핏빛으로 물들이더니, 또 얼마 전에는 북한으로부터 연평도 포격이 있었다. 연평도는 이제 꽃게를 잡고 바지락을 줍는 평화로운 어부의 섬이 아니다. 끝없는 인간의 욕망과 폭력을 치유할 약은 바로 서해의 아름다운 노을 같은 사랑과 그 실천이라 할 것인데, 서해를 보듬을 사랑이 인간에게서 사라져 가고 있다.

오늘도 서해는 우울하게 밀려갔다 밀려온다. 서해는 가보지 않은 마음속의 바다로 남겨 두는 것이 더 좋았을지도 모르겠다. 상상 속의 바다로 숨겨둔 채 마음속에서나 파도치게 하며 그리워하는 것이 더 좋았을 듯하다. 함께 걷던 중년의 여인은 서해에만 오면 인생이란 무엇인가 하는 문제로 심사가 사나워진다고 투정한다. 서해는 복잡하고 힘겨운 삶으로 인해 마음이 뒤숭숭한 중년 여인같이 우울하다.

나비야 청산 가자

어머니는 나비를 무척 좋아하셨다. 병원에 입원하시기 전까지만 해도 집 근처 공원의 꽃들 사이에서 팔랑거리는 나비 뒤를 따라다니곤 하였다. 너울너울 허공을 날아다니는 나비를 바라보며 "아유, 저 예쁜 나비 좀 봐!" 하며 소녀 같은 감성을 보여주었다. 그렇던 어머니가 이제 한겨울 고목같이 축 처져 병상에 누웠고, 그러면서도 가족들에게는 애써 밝은 표정을 짓는다.

그동안 나는 어머니에 대해서 모든 것을 다 알고 있다고 생각했지만 아는 것이 너무나 없었다. 키와 몸무게가 얼마인지, 배 근처에 난 큰 상처가 무엇 때문에 생긴 것인지, 왜 우리 앞에서 한번도 슬픈 표정을 짓지 않고 눈물도 보이지 않는지 몰랐다. 바보스럽게 나는 그때까지만 해도 어머니는 절대 아프지 않는 어떤 특별한 힘을 지닌 줄 알았다. 어머니는 새벽에 일찍 일어나 늦게 잠들고 온종일 일하는 것만 좋아한다고 생각했다. 새로 지은 따뜻한 밥보다는 가족들이 먹다 남은 밥과 반찬을 다 모아 큰 그릇에 비벼 드시는 것을 좋아하는 줄 알았다. 슬픔도 없이 모든 사람들에게 헤프게 웃음만 짓는 사람인 줄 알았다. 병원에 입원하게 되어서야 비로소 내가 알고 있던 어머니에 대한 이 모든 것이 잘못된 것임을 알게 되었다.

당신의 병은 스스로가 잘 안다며 한사코 병원에 입원할 필요가 없다고 고집 피우는 것을 간신히 설득해서 병원으로 모시고 갔다. 병원 대기실에서 간호사가 와서 혈압을 재고 키와 몸무게를 재었다. 키 154cm. 몸무게 52kg. 중요한 수학공식이나 되는 듯 잊지 않으려고 속으로 몇 번이나 읊조려 보았다. 대기실에 앉아 계신 어머니를 바라보니 가슴 한구석이 아려왔다. 어릴 적 엄마 손을 잡고 외갓집을 갈 때면 너무 커 보여 늘 올려다보았다. 이제 보니 어머니의 체구는 너무나 왜소했다.

어머니는 막걸리를 좋아하셨다. 틈만 나면 막걸리를 사오게 하고 설탕을 몇 숟갈씩 타서 마시곤 하셨다. 이것이 오랫동안 쌓여 나중에 당뇨병의 원인이 될 줄은 몰랐다. 그날도 어머니의 막걸리 시중을 들고 있었다. 보통 때와 달리 꽤 많은 막걸리를 마신 어머니는 젊은 나이에 시집올 때의 이야기며, 전쟁 중 피난 때의 이야기, 자식 넷을 키우며 살아온 이야기를 담담히 털어놓으셨다. 자식들이 잊어버린 것을 어머니는 아직 또렷하게 기억하고 계셨다. 처음으로 어머니의 얼굴에서 고달프고 힘든 삶의 그림자가 드리워지는 것을 볼 수 있었다.

어머니는 갑자기 노래를 부르셨다. "나비야 청산 가자/ 범나비야 너도 가자/ 가다가 저물거든 /꽃에 들어 자고 가자/ 꽃에서 푸대접하거든/ 잎에서나 자고 가자." 노래를 마친 어머니는 비감한 어조로 이야기하셨다. "나도 가끔 나비같이 어디론가 훨훨 날아가고 싶단다." 어머니의 눈가가 젖는 듯하더니 눈물 몇 방울이 뚝뚝 떨어졌다. 난생처음 어머니의 눈물을 보았다. 어머니가 흘린 눈물 한 방울 한 방울은 하얀 나비가 되어 허공으로 날아가고 있었다. 눈물은 나비가 되고 나비는 꿈을 꾸며 어디론가 날아가고 있다는 생각이 들었다.

도시로 오기 전에 시골에서 보낸 어린 시절을 잊을 수 없다. 어머니는 이른 새벽 눈 쌓인 길을 걸어 학교 가는 아들을 동구 밖까지 배웅하곤 했다. 동네 어귀 눈길엔 모자가 걸어왔던 발자국이 고스란히 남아있었다. 어머니는 아들의 온기가 아직 배어있는 발자국만 밟고 자박자박 걸어왔다. 자식을 바라보며 "어서 가거라, 어서 가거라." 하며 어머니는 언제나 내가 완전히 시야에서 사라질 때까지 지켜보고 계셨다. 어머니의 정한情恨은 내 영혼의 가장 깊은 정서의 뿌리가 되었고, 내 마음을 지탱시켜 주는 자양滋養이기도 했다.

갈수록 의식이 혼미해져 가는 어머니의 손을 잡고 나는 끝없는 회한에 사로잡혔다. 진작 어머니의 손을 자주 잡아볼 것을. 거칠고 힘줄 불거진 힘없는 이 손이 나를 안아 키워 오늘의 나를 만들었다. 나에게 회초리를 들고 꾸짖으시던 엄격하고 꼿꼿한 손, 삶의 여정에 지치고 힘들 때 잡아주시던 따뜻한 손은 자꾸 식어가고 있었다. 어머니는 식어가는 손으로 자식의 손을 부여잡고 이제 다 나았다며 어서 집으로 가자고 애원하신다.

어머니 모습은 하루가 다르게 달라져 갔다. 그 곱던 피부는 온통 검버섯투성이가 되어버렸다. 먹는 것이 거의 없어서인지 소변도 나오지 않았고 혈관으로 들어가던 수액은 자꾸 밖으로 흘러나왔다. 며칠 전부터 손으로 허공을 헤집으며 헛소릴 계속했지만 오늘은 종일 미동도 없이 눈을 감고 계셨다. 의사는 이제 퇴원하여 집에서 임종을 맞으라고 권고했다.

목숨의 끈을 쉽게 놓지 않으셨던 어머니는 일주일 동안 더 생명을 이어갔다. 그 숨 막히던 하루하루를 어떻게 보낼 수 있었는지. 자식들이 모여 손과 다리를 계속 주물렀지만 어머니는 더 이상 우리를 알아보지 못하는 듯했다. 임종이 가까워 거친 숨을 몇 차례 몰아쉬던 어머니는 힘겨운 목소리로 마지막 힘을 모아 "애들아! 어서 가거라. 이제 늦었다. 어서 가거라." 하시고는 고개를 떨구었다. 아, 마지막 순간까지 자식들이 늦을까 걱정을 하시던 어머니. 비스듬히 옆으로 누운 어머니의 눈가로 눈물이 주르륵 흘러내렸다.

어머니가 누운 관이 땅속에 묻히고 흙이 끼얹어지기 시작할 때, 자식들은 피 같은 눈물을 쏟으며 오열했다. 죽은 자들이 새로이 찾아온 무덤가에서 사람들은 계속 울고 있었다. 어머니의 육신도 이제 곧 썩어 그 영혼도 평온할 것이다. 어머니의 고달픔도 아픔도 방황도 시간의 기억 속에서 풍화되고 말 것이다.

삼우제를 지내기 위해 어머니의 무덤을 다시 찾았을 때, 하얀 나비 한 마리가 근처를 너울대며 날아다니고 있었다. 겨울 동안 보이지 않던 나비가 따뜻한 봄과 함께 날아다닌다. 인고의 추운 겨울을 지내고 희망의 봄이 되어 다시 나타난 저 나비를 어머니가 보신다면 얼마나 좋아할까. 하얀 나비는 나를 돌보던 영혼이 다시 나타난 듯 무덤가를 맴돌고 있었다. 내 근처에 와서 잠시 머무는 듯하던 나비는 저 멀리로 훨훨 날아갔다.

책을 태우던 날

긴 장마 탓이었던지 서고에 잔뜩 쌓여 있던 책들에 군데군데 얼룩이 지고 곰팡이가 피고 있었다. 책의 곰팡이 냄새는 좁은 집 전체로 번지기 시작했고 벽면 곳곳이 부패하기 시작했다. 곰팡이가 핀 책들을 햇빛에 꺼내 말리다가 결국 오래된 잡지와 전집류는 불태우기로 마음먹었다. 책을 버리거나 고물상에 넘기지 않고 태우기로 한 것은 책이 나의 가장 중요한 재산이면서 정신의 일부라고 여겼기 때문이다. 집안을 아무리 둘러보아도 나의 유일한 재산은 구석구석에 가득 쌓인 책뿐이다. 책은 보잘것없는 나의 의식과 사상을 만들어준 모닥불이고 어둠 속 '진리의 부엉이'였다.

일종의 의식儀式을 치르는 엄숙한 마음으로 한 권씩 책을 불 속으로 집어넣었다. 책이 불길 속에서 타들어갈 때 나는 갑자기 내 몸이 타는 것 같은 통증을 느꼈다. 그동안 저 책에 탐닉했던 나의 정신적 욕망과 고뇌를 비웃기나 하는 듯이 자신을 활활 불태우며 책은 산화散華해 가고 있었다. 책이 불타는 모습을 바라보고 있으니 느닷없이 분서갱유焚書坑儒 때에 울부짖던 선비들의 통곡소리가 어디선가 들리는 듯했다. 분서갱유는 진나라 시황제가 사상통제 정책의 일환으로 책을 불태우고 수백 명의 선비들을 생매장한 사건이다. 현대판 분서갱유는 히틀러에 의해 다시 저질러졌다. 히틀러는 책을 읽는 것은 쓸데없는 시간낭비일 뿐이라고 선전했고, 파시즘에 눈먼 독일시민들은 책을 불태우며 환호했다.

책을 불태우는 동안 계속해서 나는 깊은 죄책감과 상실감을 느껴야 했다. 지혜의 신神 미네르바의 부엉이는 낮이 지나고 밤이 되어야 그 날개를 편다고 했는데, 밤도 아닌 이 훤한 대낮에 책을 태우는 축제를 벌이다니.

어린 시절부터 책 욕심이 유별나게 많았던 나는 도서관이나 남의 집에서 책을 훔쳐 나오다 봉변을 당한 적이 한두 번이 아니었다. 엄격한 가정교육 덕분에 남의 물건을 도둑질해서는 안 된다는 도덕적 무장은 항상 철저했지만 도대체 책에 관해서만은 속수무책이었다. 도서관에서 이미 절판이 되어 구하기 힘든 귀중한 책이 눈에 띄면 대책 없이 가방에 집어넣고 나왔다. 고백건대 지금도 내 서고에는 도서관 서지딱지가 붙은 책이 수없이 많다. 요즘에는 도서관 출구에서 '삑'하는 경보음이

들림에도 불구하고, 몇 번이나 '절도행위'를 반복하다가 어느 도서관에서는 출입금지자로 낙인찍히기까지 했다. 또한 친구들에게 빌린 책을 온전하게 되돌려 준 기억은 거의 없다. 빌린 책이 내 손에 들어오면 이 핑계 저 핑계 대면서 돌려주지 않았다. 사람들 사이에서는 나에게 빌려준 책은 돌려받으려 하지 말라는 소문이 돌았고 아예 책을 빌려줄 생각도 하지 않았다. 그러면서도 나는 절대로 사람들에게 책을 빌려주지 않았다. 책에 관한한 철저하게 양심불량자이며 범죄자인 셈이다.

학창시절 때 나는 모범생은 아니었다. 걸핏하면 옆자리 아이와 싸움질을 하거나 성적이 모자라 부모님이 학교에 호출되기 일쑤였다. 그렇지만 언제나 책은 내 손에서 떠나지 않았다. 이광수와 김동인은 물론이고 셰익스피어와 톨스토이의 작품을 읽으며 수많은 밤을 새우기도 했다. 아무리 읽어도 독서에 대한 갈증이 가시지 않았다. 부모님으로부터 공부는 하지 않고 소설책만 읽는다는 타박을 매일같이 받다시피 했다.

독서에 대한 열정은 대학을 졸업하고 사회의 초년생이 되었을 때 잠시 식어들었다. 일상적인 잡다한 일들에 얽매어 하루하루를 보내며 내 젊은 시절은 독서에서 잠시 멀어져 가기 시작했고, 책에 대한 관심도 조금씩 사라져 갔다. 어쩌다 서점에서 한두 권 마음에 드는 책을 만나게 되면 바쁜 이웃들처럼 슬쩍 인사만 하고 지나쳤다. 몇 개월 직장생활을 하던 어느 날 갑자기 지금 내가 어떤 생활을 하고 있는지를 되돌아보게 되었다.

매일 매일 소중한 시간을 허무하게 죽이면서 나 자신도 죽어가고 있다는 생각을 하니 가슴이 서늘해져 왔다. 다음날로 직장에 사표를 제출하고 곧장 서점으로 달려가서 책부터 한보따리 사들고 왔다. 그때부터 나의 삶은 다시 달라졌다. 책이 무슨 영양제 주사같이 혈관 속으로 들어오면서 내 삶은 새로이 시작되었다. 디지털 시대의 컬러영화만 보다가 갑작스레 흑백영화를 볼 때의 신선함과 금방 바다에서 잡아 올린 퍼덕대는 활어를 보는 듯한 생동감이 다시 가슴 속에서 일어났다.

책을 사는 날은 너무나 기쁘고 즐거웠다. 하숙비를 제때 못 내고 하숙집 주인의 눈치를 살피면서도 책은 샀다. 책을 사서 집에 돌아오는 날의 발걸음은 너무나 가벼웠다. 저 책 속에는 어떤 삶의 풍경과 인물들이 나를 반겨줄까. 책을 통해서 인간과 삶의 의미, 이 세상과 우주의 질서와 자연의 순환을 배웠다. 첫사랑이 운명과 같이 다가오듯이 소중한 책과의 만남도 운명같이 이루어진다. 살다 보면 어느 길목에서 인생에 정말 중요한 도움이 되는 사람을 만나게 된다. 마찬가지로 도서관에서 읽을 책을 고르다 뜻하지 않게 내 인생의 운명을 바꿀 만한 책들을 만나기도 했다. 그럴 때의 흥분과 감동은 말로 표현하기 어려운 것이었다.

도스토옙스키의 『죄와 벌』에 나오는 라스콜리니코프는 나에게 충격으로 다가왔다. 그의 삶은 온통 절망이 가득찬 암울한 풍경이었다. 아무리 보아도 나아질 것이 없는 삶, 어떠한 비전도 보이지 않는 칠흑 같은 어둠이 라스콜리니코프의 주변에 드리워져 있었다. 도스토옙스키의 책을 읽던 날, 비로소 인생에 있어서 빛과 어둠이 무엇인지 절망과 희망이 무엇인지를 깨닫기 시작했다. 라스콜리니코프와 함께 밤새 희미한 등불 아래에서 불면의 밤을 새우기도 했다.

책은 나에게 절망을 너머 희망의 세계를 보여주었다. 헤밍웨이의 『노인과 바다』를 읽으면서 삶에서 희망의 빛이 무엇인가를 알게 되었다. 먼 바다를 향해 노를 저어 가며 큰 고기와 사흘 동안 사투를 벌이며 앙상한 뼈만 가지고 항구로 돌아왔을 때에도 노인에게는 어떤 희망이 있었다. 희망이 있었기에 눈이 보이지 않는 극한 상황에서도 노인은 승리할 수 있었던 것이다. "희망을 버리는 건 부끄러운 일이다. 그것은 분명한 죄악이다."라는 헤밍웨이의 말은 삶과 세상에 절망하고 좌절할 때마다 내 귓전에 울려왔다.

책 속의 주인공과 함께 시베리아 벌판을 횡단할 수 있었고, 그리스 신화의 세계를 방문했고, 몽블랑에 올라 천하를 호령할 수 있었다. 수많은 인물들과 시간과 공간에 구속되지 않는 자유로운 여행을 할 수 있었던 것은 바로 책 때문이었다. 책은 언제나 살아 꿈틀대고 있었다. 그 책들로부터 읽은 것들을 직접 눈으로 확인하기 위하여 나의 방랑벽은 시작되었고, 나의 정신과 사고의 자산도 모두 책으로부터 얻어진 것이다.

불길 속에서 비명을 지르며 타버린 책들은 재가 되어 여기저기 허공을 날아다니고 있었다. 독일의 시인 하이네는 말했다. “책을 불태우는 사람은 조만간 자신을 불태우게 될 것이다.” 책을 태우고 마침내 나를 불태우는 날이 오게 되면 나중에 미네르바에게 뭐라고 변명할 것인가.

눈

요즘은 눈이 갈수록 침침해져서 안과에 가는 일이 잦다. 하기야 육십여 년의 세월 동안 잠자는 시간을 제외하고 눈만 뜨면 계속해서 무언가를 읽고 보아왔으니 여태 눈이 온전한 것만 해도 다행이다. 게다가 최근에는 컴퓨터 앞에서 많은 정보와 지식을 얻거나 글을 쓰고 있으니 눈이 더욱 좋지 않은 것은 당연한 일인지 모른다.

신체의 어느 부분도 중요치 않은 곳은 없지만, 눈은 그 무엇보다 중요하다. 눈이 없으면 사물도 사람도 세상도 볼 수 없다. 사람은 눈을 통해 세상의 만물을 보게 되고 주관적이고 객관적인 생각에 도달한다. 영어에서 '내가 본다(I see).'는 것은, 눈으로 본다는 뜻 이외에도 '인식하며 안다.'는 의미를 담고 있다. 눈을 통하여 사람들은 좋은 것과 나쁜 것, 아름다운 것과 추한 것을 보고 인식한다. 내가 무언가를 보고 생각할 수 있다는 것은 얼마나 소중한 일인가.

태초에 인간은 착한 눈을 지니고 선한 것만 보면서 살았다. 성서에서도 "눈은 몸의 등불이니 네 눈이 성하면 온몸이 밝을 것이요 눈이 나쁘면 온몸이 어두울 것이다."라고 하였다. 여기서 눈은 곧 마음으로 환치되어도 무방할 것이다. 착한 눈으로 세상을 바라보면서 착하게 살아가던 인간이 어느 날부터 점차 나쁜 마음을 가지고 나쁜 행동을 하면서 살아가게 되었다.

원래 태양은 '신의 눈'이었다. 태양은 생명 창조의 원천이며 우주의 지배원리이고 궁극적 질서로 표상되었다. 태양과 신이 창조적이면서도 파괴적이듯, 그 속성을 이어받은 인간의 눈도 선과 악의 양면성을 띠기 시작했다. 인간이 빛과 어둠의 세계를 인식하면서 비극은 시작된 것인지 모른다. 소포클레스의 『오이디푸스 왕』은 인간에게 있어서의 빛과 어둠의 세계를 가장 극명하게 보여주고 있는 비극 작품이다. 오이디푸스의 삶은 어둠에서 빛을 향해 나아가는 여정이다. 오이디푸스는 어둠 속을 헤매다가 자신의 눈을 찌르고 '눈멂'의 상태에서 비로소 '빛'의 세계에 도달하게 된다.

우리의 삶은 항상 밝음의 세계에서만 살아가는 것이 아니다. 삶은 빛과 어둠 사이에서 부딪히며 좌절과 상실을 거듭하는 과정이다. '빛'은 아집과 야만에서 벗어나 세상의 어려움을 녹여내고 다스릴 줄 알게 한다. '어둠'은 무지와 번뇌로 인해 세상과 소통하지 못하고 고통 속에서 헤매게 한다. 인간은 항상 자기 주장만 옳다고 내세움으로써 혼돈과 갈등을 만들게 되고 서로 다른 생각과 가치를 가진 존재로 살아간다. 그리하여 우리는 소통과 화합으로 삶의 질곡을 이겨내거나 초극하지 못한다. 빛과 어둠에 대한 올바른 이해는 인간을 '생각하는 주체'로 다시 태어날 수 있게 한다.

현대인간은 눈에 보이는 이미지를 통하여 새로운 관념이나 정신을 만들어 낸다. 그렇지만 눈앞에 보이는 이미지를 육안으로 응시하는 것은 환상이거나 허상에 불과한 경우가 많다. 물리적 두 눈으로 세상을 보는 것은 감각의 눈에 의하는 것이지만, 마음의 눈으로 세상과 사물을 바라보면 지혜와 진리를 얻게 된다. 물리적 눈이 아닌 내면의 눈으로 사물과 인생을 바라보는 것은 그래서 중요한 일이다. 암흑과 같은 세상에서 새로운 눈으로 진리를 찾고자 한 석가의 깨달음과 예수의 사랑과 헬렌 켈러의 소망은 모두 마음의 눈을 통하여 세상을 바라본 결실이었다. 그들은 아름다운 마음의 눈을 통해 세상을 다시 바라보고자 한 사람들이었다. 그들이 어둠 속에서 빛의 세계를 인식하고 절망 속에서 희망을 본 것은 깨달음의 눈을 가지고 있었기 때문이다.

세상이 갈수록 기술화되고 상업화되어 가면서 사람들은 줄기차게 '보는 것'에만 집착한다. 사람들은 외형에만 사로잡혀 진정한 눈의 가치를 잃어가고 있다. 컴퓨터와 TV는 가짜 현실을 모방하며 진실한 인간의 마음을 보여주지 못한다. 세상과 존재의 본질이나 진실을 보여주기보다는 가상적 허위의 현실을 보여줄 뿐이다.

눈에 보이는 것만 추구해서 그런지 많은 사람들은 '눈이 멀었다.'는 말을 흔히 한다. '눈이 멀었다.'는 말은 많은 의미를 함축하고 있다. 이것은 단순히 눈이 멀었다는 뜻이 아니라 우리가 많은 것을 소유하기 위해서 마음이 먼 것을 의미한다. 현대사회에서 사람들은 생존을 위하여 무언가를 소유함으로써 자신의 가치와 존재를 확인한다. 무언가를 소유하기 위해서 외면의 눈은 활발하게 움직일지 모르지만 마음의 눈은 감기게 된다. 권력과 돈과 사랑에 눈이 멀어서 이성과 판단과 감성의 눈은 멀어지게 되는 것이다.

오이디푸스를 통해서 알 수 있듯이, 고대 그리스인들은 현실적이고 구체적인 삶을 영위하는 사람들이었다. 그들의 삶에서 가장 중요한 것은 현세적 삶을 감지할 수 있는 '눈'이었다. 그들에게 인간의 본성은 본다는 것 그 자체였기 때문에 산다는 것은 곧 본다는 것이고, 본다는 것은 안다는 것과 같은 말이었다. 따라서 눈을 잃는다는 것은 모든 것을 잃는다는 의미였다. 그리스인들은 누군가 죽었을 때 "마지막 눈길을 거두었다."라고 표현한다. 무엇보다도 고인이 더 이상 이 세상을 볼 수 없다는 사실을 가장 슬퍼한 것이다.

지금 내가 눈을 뜨고 온전히 무언가를 볼 수 있다는 것은 얼마나 행복한 일인지 모른다. 이 세상을 물들이고 있는 초록의 풍경, 오랫동안 만나지 못한 보고 싶은 얼굴, 내가 읽어주기를 기다리면서 책상 위에 쌓여 있는 책, 우리가 이 세상에서 보아야 할 것은 너무나 많다. 이 세상에 존재하는 동안 이 모든 것을 아낌없이 다 보고 느끼고 싶지만 안타깝게도 우리의 삶은 짧고 유한하다. 언젠가 나의 눈이 닫히게 되는 순간, 아무것도 보지 못하게 될 것이라 생각하면 지금 내가 볼 수 있고 느낄 수 있다는 사실은 너무나 커다란 축복이다.

뻐꾸기 우는 시간

뻐꾹! 뻐꾹!

산비탈에 불을 피우듯 만개해 있던 진달래꽃이 허무하게 저물고 나니 뻐꾸기 우는 소리가 온 산에 울려 퍼지기 시작한다. 뻐꾸기 소리는 그동안 옛 고향의 향수에 젖어들게 하는 정겹고 친숙한 노래였다. 그렇지만 세월이 흘러가면서 왠지 그 소리는 갈수록 처량하고 슬프게 들린다. 이른 아침부터 뻐꾸기 우는 소리에 놀라 잠이 깬다.

낮에 우는 뻐꾸기와 밤에 우는 두견이는 모두 어딘가로 돌아갈 수 없는 신세가 되어서 저리 슬피 우는 것인가. 전설에 의하면 뻐꾸기는 돌아가지 못하는 고향에 대한 그리움을 달래려고 슬피 운다고 한다. 또 어떤 사람들은 죽은 이의 영혼이 뻐꾸기로 환생하여 울음으로써 애달프게 호소한다고 말한다.

때로 문학작품에서 뻐꾸기는 우리가 바라는 이상향을 상징하는 파랑새로 등장하기도 한다.

애절한 울음소리에 담긴 슬픈 사연에도 불구하고 뻐꾸기는 그의 생존방식 때문에 우리에게 나쁜 인상으로 남아있는 새이다. 사람들은 뻐꾸기가 제 스스로 둥지를 마련하지 않고 남의 둥지에 알을 낳는 얌체족속으로 여긴다. 점잖게 표현하자면 남의 가정에 의탁해서 알을 낳고 살아가는 '탁란성 조류'인 셈이다. 탁란을 위해서는 제집보다 훨씬 작은 멧새, 딱새, 할미새, 종달새의 둥지를 주로 선택한다. 그곳에 자리를 잡고 원래 있던 알들을 등으로 밀어내 떨어뜨려 버리고 저 혼자 둥지를 독차지한다. 진짜 새끼는 밀려나 죽고 남의 둥지에서 뻐꾸기 새끼 혼자 살아남는다.

혹자는 뻐꾸기가 한꺼번에 여러 개의 알을 낳기 때문에 어쩔 수 없이 남의 둥지에 탁란을 할 수밖에 없다고 옹호한다. 그러나 아무리 그렇다고 하더라도 남의 둥지를 차지하는 것도 모자라 원래의 알을 밀어내어 죽게 하는 것은 용서받을 수 없는 행위임에 분명하다.

아빠는 뻐꾹뻐꾹!

엄마는 삐삐삐삐!

엄마 아빠 뻐꾸기는 둥지 주위를 맴돌며 새끼가 태어나기 전부터 연신 자신들의 목소리를 들려준다. 대리부모는 자기 새끼인 줄 알고 먹이를 구해와 가짜 자식에게 열심히 바친다.

대리부모의 사랑 속에 태어나 튼튼하게 자란 새끼 뻐꾸기는 뒤도 돌아보지 않고 뻐꾸기들 세계로 날아가 버린다. 그리고 이듬해에는 그 놈 역시 제 어미와 똑같이 잔인한 방법으로 새끼를 낳아 기른다. 오죽하면 뻐꾸기에게 '숲속의 작은 악마'라는 별명이 붙었을까. 인간에 빗대면 뻐꾸기는 선천적으로 이기적인 욕망과 악한 기질로 태어난다는 성악설을 대표하는 새가 됨직하다.

뻐꾸기를 사람 본성에 빗대어 설명할 수는 없을 것이지만, 모든 존재의 본성은 악한 것이며 선한 것은 인위적인 것일까. 원래 인간은 태어나면서부터 질투하고 미워하고 남을 해치고자 하는 마음이 가득한데, 이런 기준에 의하면 사람 본성은 근본적으로 악한 것이다. 인간이 행하는 선이란 것도 인위적으로 교화되어 얻어질 수 있는 것일 뿐이다.

뻐꾸기 울음소리를 통해 이런 논리의 비약을 가져오는 것은 부질없는 일이겠지만, 남의 둥지에서 알을 낳기 위해 원래의 알을 밀어내고 기생하는 뻐꾸기의 행위에는 생존을 위한 깊은 실존의식이 내재해 있다고 변명될 수 있다. 성악설에 의한 것이든 성선설에 의한 것이든 모든 존재는 현재보다 더 나은 미래의 삶을 꿈꾸기 위해 존재하는 것이 아니던가. 이를 시험하기 위해서 신은 존재에게 직접 빵을 만들어주거나 기적을 일으켜 환희케 하지 않고 주체적인 자유를 얻기 위해 고투하도록 만든다. 뻐꾸기는 "너 자신을 사랑하듯 네 이웃을 사랑하라."

는 명제 못지않게 "네 이웃을 통해서라도 너 자신을 사랑하라." 는 실존적 규범을 제시한다. 그것이 뻐꾸기의 존재 이유인지 모른다.

뻐꾸기의 존재 방식이란 스스로 생존을 위한 조건과 목표를 추구하는 것과 같은 것이다. 오래전 「뻐꾸기 둥지 위로 날아간 새」라는 영화가 있었다. 영화는 뻐꾸기를 빌려 인간에게 저항 의지와 자유를 향한 열망이 얼마나 강렬한 것인가를 보여 준다. 자유의 땅을 향해 달려가는 뻐꾸기의 모습은 거대한 사회 구조에 희생된 개인들에게 바치는 진혼곡 사이로 비집고 들어 오는 빛이며 희망이다. 어디서나 자유를 향한 인간의 몸부림은 강렬하다. 의식적으로든 무의식적으로든 인간에게 자유와 희망을 갈망하는 삶은 중요한 것이라는 사실을 이 영화는 일러 준다. 인간의 삶은 언젠가 보다 자유롭고 구속 없는 새로운 세상이 다가올 것이라는 꿈과 희망이 있기 때문에 오늘의 이 어려움과 고통을 견뎌나갈 수 있다.

아침 일찍부터 창문 밖으로 들려오는 온갖 새들의 울음소리는 제각각 다른 의미로 나의 미명未明을 깨운다. 저들이 던져 주는 소식들은 쉽게 버릴 수도 없고 쉽게 잡을 수도 없다. 아니 이해할 수조차 없는 것이다. 그 속에서 범종 소리 같은 긴 여운으로 떠나지 않고 남는 것은 뻐꾸기의 울음소리다.

뻐꾸기 울음소리를 들으며 나 역시 한 마리 뻐꾸기가 아니었던가 생각해 본다. 이 험난한 세상에서 살아남기 위해서 그동안 얼마나 울어대었던가. 생존을 위해서 남의 둥지에 파고들고, 자유를 위해 몸부림치는 나날을 보내지 않았던가. 먼 산에서 울려 퍼지는 뻐꾸기 울음소리는 인생이란 항상 힘겹고 버거운 것이지만, 곧 다가올 또 다른 세상에 대한 기다림과 희망의 시간이 있을 것임을 알려준다.

남의 둥지에서 빠져 나오지 못한 새끼 뻐꾸기 때문에 어미 뻐꾸기는 아직도 둥지 근처에서 애절히 울어댄다. 그 소리를 들으면서 마지막 남은 새끼 뻐꾸기도 빨리 제 어미의 품으로 돌아가야 할 텐데라는 주제넘은 걱정을 해본다.

살아남은 자의 슬픔

독일의 극작가이며 시인인 베르톨트 브레히트는 「살아 남은 자의 슬픔」이라는 시에서 이렇게 노래한 적 있다.

물론 나는 알고 있다. 오직 운이 좋았던 덕분에
다른 많은 친구들보다 오래 살아남을 수 있었다.
그러나 지난밤 꿈속에서
이 친구들이 나에 대하여 이야기하는 소리가 들려왔다.
"강한 자는 살아남는다."
그러자 나는 자신이 미워졌다.

현대사회가 정신적 · 물질적으로 갈수록 어렵고 힘들어 가고 있는 탓인지 고해苦海와 같은 삶에서 온전하게 살아남는다는 것은 쉬운 일이 아닌 듯하다. 우리들 주변에서는 전날까지 멀쩡하던 친구나 동료가 느닷없이 세상을 떠나기도 하고, 갑작스레 닥쳐온 불행과 고통을 가족과 친지들은 망연히 바라보게 된다. 지구촌 곳곳에서는 하루가 멀다 하고 온갖 이데올로기와 종족과 종교의 이름 아래 폭력과 전쟁이 일어나고 있으며 지진과 홍수 같은 자연적 재앙이 그치지 않고 있다.

며칠째 TV에서는 중남미 최빈국最貧國 중의 하나인 아이티에서 일어난 지진의 참상을 보여주고 있다. 첨단 정보통신 덕분에 안방에 앉아 생생하게 비극의 현장을 지켜보게 된다. 눈을 뜨고 보기에는 너무나 끔찍하고 소름끼치는 재앙이다.

아이티는 미국에서 천 킬로미터 정도밖에 떨어져 있지 않지만, 소말리아와 아프가니스탄에 못지않을 정도로 삶의 환경이 열악한 나라이다. 인구의 절반 이상이 영양실조를 겪고 있으며 제대로 마실 물도 없이 살고 있다. 영양실조와 질병으로 유아사망률은 엄청나며 어린이들 상당수가 몇 년을 살지 못한다고 한다.

진도 7도의 강진强震이 이 나라를 완전히 초토화시켰다. 나라 자체가 워낙 가난해서 자력으로 무엇 하나 해결할 수 없는 나라이다. 거리에 나뒹구는 시체만도 헤아리기 어려울 정도라 땅속에 깔려있는 사람이 몇 명이나 되는지 알 수가 없다. 세계 각국에서 서둘러 긴급 구호에 나서고 있지만 피해자 숫자를 감안한다면 어림없는 규모에 불과하다. 사랑하는 자식을 잃고 하염없이 울부짖는 여인들, 빈곤 속에서도 간신히 연명하며 살아왔지만 이젠 자신의 잘려나간 다리를 망연히 내려다보고 있는 노인들, 사탕 하나를 주어도 좋아하며 천진난만한 웃음을 띠던 아이들은 이제 울 힘도 없다는 듯이 주저앉아 있다. 땅속에 깔려 있다가 구사일생으로 살아 나온 사람들에게서도 전혀 안도의 표정이 없다. 이들에게 무엇이 남아 있나. 도대체 남아 있는 것이라고는 아무것도 없다. 절규와 아비규환이 휩쓸고 지나간 도시에는 정적만이 감돈다. 이것이 바로 신의 저주라는 것일까. 도대체 이 지상에서 가장 가난하고 힘 없고 굶주림에 지쳐있는 저들에게 무슨 죄가 있어 이런 저주가 내리는가.

금세기에 접어들어 거듭되고 있는 엄청난 재앙은 세계 곳곳에서 수시로 일어나고 있지만 왜 하필이면 가난한 나라에서만 일어나고 있는가. 지구 한편에서는 재앙이 반복되고 있지만 다른 한편에서는 부자 나라임을 마음껏 과시하며 더 높은 빌딩을 쌓는 경쟁을 하고 있다. '영광의 두바이'에서는 모래사막 위에 오늘도 거침없이 높은 빌딩이 올라가고 있다. 인간이 살 땅이 없어서인지, 아니면 인간의 교만이 신의 영역에까지 도달하고자 하는 것인지, 또 다른 '바벨탑'을 쌓아 가고 있다.

지상의 여러 재앙과 우리 주변에서 일어나는 크고 작은 불행을 바라보면서, 삶과 죽음은 백지 한 장의 차이도 없는 것이 아닌가 하는 생각이 든다. 동시에 나날의 삶을 힘들게 허덕이며 살아가야 하는 의미가 무엇일까를 새삼스레 물어보게 된다. '살아남는다.'는 표현에 얼마나 많은 의미를 담아야 할까. 무엇 때문에 우리는 살아야 하는가. 물론 남기 위해서 사는 것은 아니다. 우리 일생에서 즐거운 시간은 잠시이고 삶은 고통 속에서 이루어지는 것이라면, 살아남는다는 것은 더 큰 고통의 연속인지 모른다. 죽은 자는 떠나버렸고 슬픔은 고스란히 산 자의 몫이다. 어떠한 상황에서든 살아남은 자는 죽은 자의 슬픔의 몫을 지고 산다. 지금 아이티는 지진으로 파멸당했다. 그들의 불행을 바라보며 살아남은 자들이 이 지상에서 할 수 있는 일은 무엇일까.

재앙의 현장에서 슬픔을 함께 나누는 일, 따뜻한 구호물자를 보내주는 일, 다친 사람들을 위해 봉사활동을 펼치는 일은 물론 중요한 일이다. 그렇지만 이 재앙과 불행의 현장을 바라보며 우리가 보다 근원적이고 본질적인 삶의 상황을 성찰해보는 것, 이를 이 세상에 널리 알리고 우리들의 삶의 양태를 근본적으로 바꾸어보고자 하는 마음을 가지는 것은 더욱 중요한 일이다. 폭력과 전쟁, 자연적 재앙이 낳고 있는 비극적 경험은 잠시 시간이 지나고 나면 다시 깊은 망각 속으로 사라지고 만다. 아이티 참사가 보여주고 있듯이, 지금 지구 도처에서는 인간생존의 자연적 토대 자체가 송두리째 붕괴되어 가고 있다는 경고가 곳곳에서 울려오고 있다. 이런 상황에서 지금과 같은 방식으로 계속 살아가야 할 것인가. 최소한 인간답게 살아남기를 원한다면, 지금 정말 필요하고 중요한 것은 지구라는 인간공동체 속에서 과연 어떤 방식으로 살아가는 것이 현명한 일인가에 대한 근원적인 성찰이다.

지난 수세기 동안 인간은 오직 물질적 성장과 산업화에만 골몰하며 인간과 자연에 대한 공동체로서의 삶의 방식을 망각하고 외면해 왔다. 지식과 정보의 발전에만 눈이 멀어 인간다운 삶의 태도라든가 자연에 대한 겸손함과 같은 미덕은 사라진 지 오래다. 그럼에도 불구하고 살아남기 위한 탐욕은 끝이 없다. 인간다운 삶에 대한 진지한 성찰을 한다든가 먼저 간 자들에 대한 '살아남은 자의 슬픔'은 철저하게 망각되고 있는 것이다.

새들이 떠난 자리

바쁜 일상에 쫓기다가 오랜만에 가까운 숲길을 걷는다. 도시의 소음과 공해에 찌든 몸과 마음이 숲의 평화로움과 고요함에 깨끗이 정화되는 느낌이다. 어느새 가을은 깊어져 낙엽이 우수수 떨어지고 있다. 될수록 천천히 여유롭게 걸어가다 보니 주변에서는 아직도 지지 않은 꽃과 새들이 지저귀며 함께 대화를 나누자며 다가온다.

숲길에 올 때까지만 해도 자동차를 몰고 속도를 내며 달려왔지만, 빠르다는 것은 오직 급한 마음으로 달려 목적지에 닿고자 하는 것이다. 우리가 달려가는 길은 수단과 방법을 가리지 않고 질주하는 것이다. 빠름과 느림의 조율 없이 어찌 한 곡의 노래가 되겠는가. 안단테와 아다지오가 적절히 조화를 이루어야 훌륭한 음악으로 창조될 수 있다. 여러 현에서 아름다운 음을 만들어내는 바이올린처럼 인생도 빠름과 느림, 오르막과 내리막의 조화가 필요하다. 하지만 사람들은 오직 앞만 보고 질주한다.

갑자기 주머니에서 휴대폰 소리가 요란하게 울린다. 휴대폰에서는 바쁘고 숨 가쁜 소리가 들려온다. 휴대폰을 받는 나도 덩달아 바쁘다. 언제부터인지 휴대폰에 밀려 편지를 기다리는 마음은 사라진 지 오래되었고, 보일러로 인해 군불 지피던 토방에서의 여유로움은 없어졌다. 우리들과 함께 있어야 할 것들이 자꾸 사라져 가고 있다. 모든 것이 빠름에 대한 염원 때문이다.

걷는다는 것은 곧 자신을 돌아보는 명상의 시간이자 세상만물과 하나가 되어 마음의 눈을 여는 시간이다. 자동차가 아무리 서둘러도 길을 벗어나지는 못하고, 전기가 아무리 빨라도 전깃줄을 넘어서지 못하고, 휴대폰이 제아무리 빨라도 우리들의 마음과 마음을 이어주지는 못한다.

시간에 쫓기듯 살면 그 시간은 더욱 가속도로 빨라진다. 그렇지만 조금만 마음의 여유를 가지고 둘러보면 숲의 새와 나무와 꽃은 모두 나의 아주 오랜 동무가 되어준다. 마음먹기에 따라 시간은 순간일 수도 있고 영겁일 수 있다. 숲속 친구들과 대화를 나눌 수 있는 사람과 그렇지 못한 사람의 차이는 마음의 속도에 달린 것이다.

인간이 나무보다 나은 것이 무엇일까. 말 못하는 나무들이 인간을 위해서 그늘을 만들어 주고 공기를 맑게 하기 위해 많은 정성을 바치고 기쁨을 주기 위해 얼마나 애쓰고 있는지 인간은 모른다. 숲과 나무가 만들어주는 이 눈부신 아름다움과 고요와 평화를 생각지 못하고 있다. 숲이 없어지면 나무가 없어지고 꽃과 풀들도 사라지고 새와 벌들이 사라질 것이다. 그러면 인간은 어떻게 될까. 숲과 나무가 자신들을 위한 아름답고 평화로운 영원한 안식처라는 생각을 못하고 오늘도 나무를 잘라내고 숲을 없애고 있다.

연구실 한구석에 '화향천리 정향만리花香千里 情香萬里'라는 글이 쓰인 액자가 걸려 있다. "꽃의 향기는 천 리를 가고 사람의 향기는 만 리를 간다."는 의미이다. 이 글을 볼 때마다 인간의 마음이 이러해야 한다고 다짐을 하지만, 항상 그 반대로 생각하고 행동한다. 인간의 마음은 만 리는커녕 천 리를 가지 못하지만, 꽃과 나무의 향기는 만 리를 너머 영원히 가고 있다. 생명에는 한계가 있고 영원할 수가 없지만, 그것을 영원하다고 착각하는 것은 인간뿐이다. 인간의 이런 무모한 생각은 어디서 비롯되는 것일까. 끝없는 탐닉과 욕망 때문이다.

인간은 왜 저 숲과 나무같이 더 경건하고 더 겸손하고 더 관대하지 못하는 것일까. 우주에서 가장 이성적인 존재라고 하는 인간은 왜 눈만 뜨면 서로 속이고 시기하고 싸우기만 하는가. 이 세상에 영원한 것이란 없고 한계가 있는 것이지만 인간은 자신의 권력과 물질이 영원할 것이라고 생각한다. 이런 교만한 생각은 끝없는 욕망 때문이다. 기술과 자본의 힘으로 인간은 세상의 모든 것을 마음대로 할 수 있을 것이라고 여기지만, 지구는 갈수록 살기 힘든 곳이 되어간다. 지구촌 곳곳에서는 천재지변과 전쟁과 기아가 넘쳐나고 있다. 나무는 하늘을 닮고자 하기 때문에 날로 푸르러 가지만, 인간은 끝없는 탐욕 때문에 갈수록 찌들어 간다.

길가에 엎드려 외롭게 핀 들꽃들에게 말을 걸어보면 들꽃도 그 말을 알아듣고 속삭여 준다. 나무를 껴안고 오래 있다 보면, 나무의 가슴 떨리는 고백을 들을 수 있다. 강물에 귀를 기울이다 보면 물이 흐르는 소리는 심장까지 흘러온다.

숲속으로 깊이 들어갈수록 숲의 모든 것이 나를 반겨준다. 인간이 만든 것들이 숲같이 정신을 여유롭고 평화롭게 만들어 줄까. 문명과 기술을 계속 발전시키며 더욱 빠르고 편하게 살려고 하지만 정작 더욱 힘들고 고달프게 살아가는 것은 아닌가.

우리보다 가난한 나라를 여행하다 보면 그들의 느리고 미개한 삶에 불편함을 느끼곤 한다. 그러나 시간이 지날수록 불편함이 조금씩 사라지고 여유와 평화가 찾아온다. 그곳에서는 한 잔의 차도 느긋한 마음으로 마실 수 있고 식사도 충분한 시간을 가지고 여유롭게 한다. 길이 험해 자동차의 평균속도가 우리의 절반밖에 되지 않아도 위태로운 운전을 하거나 벼락같이 경적을 울리지는 않는다.

해가 지고 나면 숲길에는 더욱 깊은 평화와 고요가 찾아온다. 숲의 적요는 대체 우리가 왜 그리 바쁘고 급한 마음으로 살아가고 있는가를 묻는다. 인터넷과 휴대폰을 위시한 전자산업은 세계 최고를 다툴 만큼 앞서가고 있지만 삶의 여유와 평화로움은 갈수록 멀어져 가고 있다. 세상과 인간을 지배하는 것은 물질이나 기술이 아니라 마음과 영혼이다. 아무리 빠르고 새로운 기계도 정신에 여유와 평화를 줄 수는 없다. 빠름이 느림보다 반드시 더 나은 삶의 미덕이 될 수는 없는 것이다.

주머니 속에서 휴대폰이 다시 요란하게 울리기 시작한다. 함께 대화를 나누던 나무와 새들도 갑작스런 굉음에 놀라 입을 다물어 버린다.

해인海印에 지다

떠돌이의 노래

바람의 풍경

떠도는 섬

라싸에서 말하다

타클라마칸의 달

바라나시 가는 길

내가 시베리아로 떠난 이유

해인海印에 지다

고요와 정적이 가득한 산사의 경내를 걷는다. 사람들이 남기고 간 웃음소리와 번뇌의 흔적은 다 사라지고 풀벌레 소리와 낙엽 떨어지는 소리뿐이다. 스쳐 지나가는 바람결에 뎅그렁 울리는 풍경 소리만이 그윽하고, 적묵의 시간에 들려오는 스님의 새벽 예불은 주변을 더욱 엄숙하게 만든다. 낮의 번잡과 밤의 적멸은 혼효하며 우리의 한생을 그렇게 저물어 가게 한다. 해인삼매는 산사의 새벽안개처럼 피어오른다.

풍랑이 쉬면 삼라만상 모든 것이 도장 찍히듯 그대로 바닷물에 비쳐 보이고[海印], 그 속에서 우주만물의 대상에 집중하다 보면 마음이 흔들리지 않는 경지[三昧]에 이를 수 있다고 했다. 그동안 나는 해인이 무엇을 의미하는지 몰랐다. 마음속 고통과 번뇌가 일렁이다가 고요 속에 잠잠해지던 바다를 기억하며 그것이 해인이라고 생각했다. 그러나 해인은 바다 한가운데에서 진리로 드러나는 세계, 지금 이 순간 어느 하나의 우연도 남김없이 필연으로 빛나게 하는 진리의 바다였다. 바다가 새겨진 해인사海印寺에서 그동안 여러 차례 화재가 났던 것은 산과 바다, 물과 불이라는 극단 속에서도 사랑과 화해로 화엄의 세상을 만들고자 한 부처의 염원은 아니었을까.

빛나는 진리의 바다를 만나기 위해 해인사로 가는 시외버스에 올랐을 때, 격랑의 바다가 잔잔해지고 탈속의 경계가 나타나면 인생의 진리는 그 한 자락이라도 보일 것이라 생각했다. 선인仙人들에게 산속의 청량한 가람은 그런 체험을 하기 좋은 곳이었으리라. 신라 말의 학자 최치원이 혼란스러운 세상에 환멸을 느끼고 가야산에 들어와 살다가 어느 날 신발 한 켤레와 지팡이 하나만 남겨두고 세상에서 사라졌다는 전설이 있었다. 나도 하찮은 지식과 학문의 탈을 다 내던지고 대지를 흔드는 웅혼한 울림의 소리를 듣고 싶었다.

해인사 진입로 주변은 천년의 세월을 함께한 아름드리나무와 숲으로 울창하다. 바람이 살랑거릴 때마다 나무의 푸른 잎들이 반짝거릴 뿐 만상이 조용했다. 그 적막을 깨뜨리고 어디선가 사그락대는 소리가 들려온다. 정신을 집중해서 주변을 살펴봐도 소리 나는 곳을 찾기가 어렵다. 소리는 점점 더 커지면서 마침내 숲 전체에 울리고 있었다. 하늘 쪽을 바라보니, 그것은 벌레들이 나뭇잎을 갉아먹는 소리였다. 소리는 쉼 없이 이어졌고 나뭇잎들은 금세 잎줄기만 남고 말았다. 잠시 후에는 어디선가 나타난 검은 새들이 나뭇잎을 갉아먹던 벌레를 하나 둘 낚아채어 간다.

아, 인간세계에서나 자연세계에서나 생존을 위한 다툼은 저렇게 치열하게 이루어지고 있구나. 그리하여 이 세상은 갈수록 아비지옥이 되어가고 있구나. 갑자기 내 몸은 거대한 숲의 그물 속에서 아무런 저항도 할 수 없이 꼼짝없이 사로잡힌 듯한 느낌이 들었다. 긴 한숨이 쏟아져 나왔다. 한숨 소리에 다람쥐와 고라니도 마음이 편치 않은 듯 달아나고 있었다.

어지러운 마음은 성철스님의 둥근 부도탑에 이르러서야 겨우 진정되었다. 부도탑에는 '나를 찾아가는 선禪의 공간'이라 적혀 있다. 법문은 예불처럼 산사를 울리면서 세상으로 퍼져나간다. 대지를 어루만지는 듯한 법문의 울림은 깊고 은은하게 들려온다. 굴곡진 생을 살아온 사람들에게 고승의 설법은 예사로이 들리지 않는다. 삶의 고통과 비애는 업보처럼 내 굽은 등에 매달려 있다. 어차피 인생이 공수래 공수거空手來 空手去라 하는데, 이 속절없는 과보果報들을 비우지 않고 버리지 않으면 또 어찌할 것인가. 어깨를 짓누르고 있는 온갖 탐욕과 집착을 다 비우고 깃털 같은 무게조차 버리고 나서야 참된 삶의 자유를 얻는다는데, 오늘도 "사람들은 소중하지 않은 것들에 미쳐 칼날 위에서 춤을 추듯 산다[성철]." 가까이서 멀리서 들려오는 이웃들의 살아가는 소식은 즐겁기보다는 무겁고, 아는 사람들이 하나 둘 이승을 떠났다는 소식을 자주 듣게 된다. 그들이 머물던 방에서도 불은 꺼지고 어둠이 드리워진다.

그렇구나. 입고 있는 옷도 이제 삶의 무게로 육신을 누르고 있구나. 모든 것이 제행무상諸行無常이라 했다. 세상의 만물은 변한다는 지극히 단순하고도 명료한 진리를 우리는 잊고 산다. 생명 있는 모든 것은 반드시 소멸하며 아무리 아름다운 청춘도 언젠가는 늙고 병들어 죽음의 순간을 맞이하게 된다. 이것이 바로 우주가 운행하는 방식이 아니던가. 사람들은 젊음이 영원할 것이라고 믿고 있고 부귀영화와 권력이 끝없이 이어질 것이라는 망상에 사로잡혀 있다.

그래서인지 오늘도 많은 사람들이 대적광전大寂光殿에서 부처님을 바라보면서 절을 한다. 부처님 앞에서 절을 하는 것은 자신을 낮춤이다. 높이지 않고 낮추는 것은 바로 자비와 사랑의 마음을 갖는 것이다. 사랑해라, 사랑해라, 끝없이 사랑해라. 자신을 사랑하고 이웃을 사랑하고 세상을 사랑해라. 이것이 석가모니와 예수와 마호메트의 가르침의 본질이다. 자비와 사랑은 그 안에 창조와 생명의 원천을 담고 있다. 길에서 밟히는 이름 없는 잡초도 자비의 눈으로 보면 아름답기 그지없고, 이 세상의 모든 고통과 슬픔도 사랑의 눈으로 보면 즐거움과 행복이 될 수 있다. 이런 쉬운 진리를 외면하면서 우리는 살아간다. 그것이 바로 사바 중생의 어리석음이 아닌가.

산사에서도 시간은 가뭇없이 저물어 간다. 어디에선들 정지된 시간이란 없다. 그 누구의 삶도 빛나는 정상에서만 머물 수 없듯이 나도 저물어 간다. 저물어 어둠으로 변해 가는 산을 바라보면서 다시 해인을 생각해 본다. 산은 어둠을 받아들여 고요에 잠기지만 새날이 오면 다시 환히 세상을 밝힐 것이다. 세속에 찌들고 지친 마음을 이끌고 산문山門으로 들었지만 산은 쉽게 따뜻한 손을 내밀어주지 않는다.

세상을 떠나려고 산에 온 것이 아니라 산에 들어와서 세상의 한 자락이라도 보고 싶었다. 온종일 산은 아무 말도 하지 않았다. 그렇지만 어둠이 드리워진 산사에도 빛은 살아 있었고 그동안 보지 못했던 길을 새롭게 보여주었다. 아픈 반성과 평온한 화해의 시간 속에서 마음은 숲 속의 나무처럼 푸르게 다시 살아났다. 깨달음이 분향처럼 외딴 산방에 은은하게 퍼져나가면서 산사의 시간은 해인과 화엄의 길로 나아갈 것을 재촉한다.

화엄이 무엇이던가. 우주의 모든 사물은 그 어느 하나라도 홀로 있는 법이 없이 서로 얽히고설킨 인과와 인연을 맺어 화해하게 된다. 이것이 바로 화엄에서 가르치는 무진연기無盡緣起이다. 나는 얼마나 이 세상과의 인연을 생각하며 살아왔던가. 버스를 타고 이곳에 오면서 만난 사람들과 산문에 이르면서 대면했던 숲과 산과 물을 바라보며 얼마나 깊은 인연을 생각했던가. 눈앞의 작은 이익과 욕망의 늪에서 허우적대며 즉물적이고 이기적인 생각에만 사로잡히지 않았던가. 눈과 눈이 서로 마주치는 데에 도道가 있으며, 이것이 삼라만상과 일상생활 속에 깃들어 있는 삶의 본질이라고 했다(경봉). 보다 단순하고 소박한 삶 속에서 허욕과 집착을 비우고 살아가는 것은 피안의 세계에서나 가능한 일일까.

마음의 눈을 바로 뜨고 보면 "산은 산이고 물은 물이다(성철)."라고 스님은 말했지만, 절을 품고 있는 가야산은 저 멀리 있고 홍류동 계곡물은 더 깊이 흐르고 있다. 중생의 눈에는 산도 물도 보이지 않는다. 눈에 보이는 것은 오직 형상으로서의 산과 물뿐이다. 산은 내 앞에 있는 것이 아니라 내 안에 있는 것인가. 산도 물도 해인도 읽을 수 없는 한심한 중생의 마음은 수수롭기 그지없다.

산사에는 다시 짙은 적멸의 어둠이 드리워진다. 발밑까지 어둠이 밀려오기 시작하고 그 어둠은 내 늑골 속까지 켜켜이 쌓여 간다. 어디선가 하나 둘 나타나기 시작하는 저녁별들이 밤하늘을 밝히며 영롱하게 빛나고 있다. 바다가 만상을 비추듯 나도 언젠가 어둠을 비추어줄 한 조각 저녁별로 태어날 수 있을까.

이제 날이 밝으면 해인의 바다가 아닌 아비규환이 득실대는 세속의 바다로 다시 내려가야 한다.

떠돌이의 노래

어딘가로 떠나기 위해서 지도를 들여다보기 시작하면 그때부터 나의 가슴은 떨리기 시작한다. 내가 여행을 떠나는 까닭은 또 다른 세상과 그곳에서 살아가는 사람들을 만나기 위함이다. 공항에서 오가는 사람들과 그들을 실어 나르기 위해 날아가는 비행기들은 언제나 생명감이 넘쳐난다. 멀리 또 다른 세상에서 나를 기다리고 있을 풍경과 익명의 존재를 만나기 위해 떨리는 가슴을 다스리고 낯선 땅으로 떠나면서 황홀한 여행의 서사는 시작된다.

여행은 고달프고 힘든 길이다. 꿈에서도 그리워한 세상의 풍경들은 좀처럼 속살을 쉽게 드러내지 않는다. 낯선 곳에서 모르는 사람들을 만나면서 다른 세상에 던져졌다는 절대적인 고독과 여수를 한참이나 견뎌낸 이후에야 비로소 지상의 풍경들은 꽁꽁 싸매둔 속살을 조금씩 보여주기 시작한다. 아득한 원시적인 자연의 신비를, 숨겨진 역사에 접근할 신성한 통로를, 인간의 위세에 의해 은폐되어버린 신화의 울림을, 일상 속에서 고단하게 살아가는 사람들의 꿈틀거리는 숨소리를 조금씩 보여준다.

삶의 온갖 어려움을 극복하며 세상을 살아가야 하는 우리들에게 인생의 진정한 의미는 무엇인가. 인생의 의미는 사람마다 같은 것일 수 없다. 부와 명예와 권력의 추구, 가족과 연인들과의 일상적 사랑의 추구, 사람들이 지향하는 바는 모두 다르다. 그러나 인생을 조금만 깊이 생각해 본다면, 삶의 궁극적 행복은 자신을 되돌아보는 가운데 우러나오는 것이다. 자신이든 세상이든 검토되지 않은 삶은 의미 있는 인생이라 할 수 없다. 오직 인간만이 스스로의 삶을 성찰할 수 있고 인생의 의미를 이해할 수 있다. 또한 어떤 삶을 영위할 것인가에 대한 결정을 주체적으로 내릴 수 있다. 삶에 대한 진정한 답은 항상 자신과 세상과의 관계 속에서 이해되고 규명된다. 대체 이 세상에서 나의 존재는 무엇이며 내가 지금 서 있는 곳은 어디인가.

세상을 떠도는 여행길은 인생길과 다르지 않았다. 여행길은 나같이 이 세상에서 살아가는 사람들의 모습을 바라보고 그들의 아픔을 확인하는 길이었다. 여행은 바로 나의 내부에 도사리고 있는 아픔을 통해 이 세상에 흩어져 있는 또 다른 아픔을 확인하는 작업인지 모른다. 여행길에서 만난 사람들은 모두 나같이 슬퍼하고 아파하는 사람들이었다. 여행을 하면서 나의 상처를 남의 상처에 덧씌우는 과오를 수없이 저질렀다. 그럼으로써 여행 때마다 나는 더 아팠고 더 외롭고 더 쓸쓸했다. 사람들은 시대와 세상이 우리에게 가하는 온갖 슬픔과 고통을 다 뒤집어쓰고 있었다. 슬픔과 고통으로 망가진 사람들에게는 끝내 버리지 못할 삶의 업보가 숙명처럼 드리워져 있다. 달빛 속에서 비치는 그림자가 같은 것일 수 없듯이, 숲 속의 우짖는 새들이 저마다 다른 것이듯이, 이 세상 사람들은 저마다의 아픔과 고통을 짊어진 채 이 세상을 살아가고 있었다. 그들의 삶의 모습과 아픈 마음을 바라보는 것은 눈물겨운 일이었다.

여행길에서는 굳이 역사니 문화니 하는 거창한 주제가 필요 없었다. 저 낯선 세상 어딘가의 뒷골목에서 만났던 사람들이 흘리던 눈물, 밤을 도와 사막을 가로질러 달려가던 야간열차, 길가에 서럽게 핀 들꽃 하나, 그것이 바로 역사이고 문화이고 사상이었다. 그들과 나의 아픔과 눈물을 확인하기 위해 나는 미지의 세상으로 떠났다.

지난 수십 년 동안 떠돌이가 되어 이 세상 각지를 유랑하며 자유와 초월을 꿈꾸어 왔다. 나의 역마살은 신화 속 오디세우스의 운명적 유랑에 못지않을 정도였다. 존재와 삶의 의미를 새로이 확인해 보기 위해 아무도 잠 깨지 않은 미명未明의 새벽에 배낭 하나를 달랑 메고 티베트의 산하와 인도의 거리를 미친 듯이 헤매고 다니기도 했고, 사라진 문명의 진실이 무엇인가를 바라보기 위해 저 멀리 페루의 마추픽추를 오르기도 했다. 신의 모습과 인간의 모습은 어떻게 다른가를, 동양의 진실과 서양의 진실은 무엇인가를 확인키 위해 그리스와 이태리를 비롯한 유럽의 여러 나라와 거대한 중국 대륙을 수십 차례나 헤집고 다니기도 했다. 붕괴한 이데올로기의 실체를 다시 보기 위해 길고도 지겨웠던 시베리아횡단열차를 타고 백야白夜의 밤을 새며 모스크바와 상트페테르부르크까지 달려가기도 했다.

세상 곳곳에서는 각각 다른 모습으로 다른 언어를 사용하며 살아가는 인간과 그들이 만든 삶과 문명이 있었다. 그곳에서 만난 사람들과 삶의 공간에는 욕망과 애증이 뒤엉킨 생의 울림이, 만남의 설렘과 헤어짐의 슬픔이라는 인간의 윤회가, 문명과 역사의 붕괴와 진화가 명멸했다. 이역만리 머나먼 곳에서 만났던 낯선 사람들과 삶에 대한 뜨거운 감정은 아직도 내 가슴 속에서 숨 쉬고 있다.

이 세상을 돌아다니며 만난 인간과 자연과 문화의 신비로움에 대해 아무리 잘 이야기하고 묘사하려 해도 그것은 부질없는 짓이다. 세상에서 만난 것을 더욱 잘 말할 수 없는 것은 그것이 언어를 넘어선 자리에 존재하고 있기 때문이다. 인간에게 언어가 중요한 것은 말 그 자체의 용도 때문이 아니라 말을 통해 언어 너머의 세계로 나아갈 수 있기 때문이다. 말은 우리들이 볼 수 있는 세계와 함께 있지만, 또 다른 세계를 상상할 수 있게 하는 것은 말이 아니다. 세계란 말로 표현될 수 있는 저 너머에 있다. 그렇기 때문에 우리는 대상을 묘사하기 위하여 은유를 동원한다. 대상의 아름다움이 황홀하고 절실할수록 대상과 은유의 길항작용은 더욱 치열하게 된다. 이 세상에서 내가 바라보는 영상들로 인해 나의 욕망과 은유는 더욱 치열하게 대립한다. 대상에 대한 인식과 인식을 위한 대상은 대립적 관계 속에 있다. 이 둘은 날아가는 새와 내려앉은 새 그림자처럼 함께 움직이지만 하나로 포개지지는 않는다. 이 지상에서 볼 수 있는 인식과 대상을 하나로 포개기 위해 나는 오늘도 저 세상으로 날아간다,

여행은 평생을 그리워하면서도 쉽게 만나지 못하는 '그 누군가'와 '그 무엇'에 대한 그리움과 같은 것이었다. 사랑이 끝나고 그리움이 시작된 후, 여행이 끝나고 풍경이 사라진 후, 그 자리에 남아 있는 것은 무엇인가. 여행의 풍경이 끝나는 지점에는 언제나 또 다른 그리움이 있었다. 그리움은 세상과 존재를 흡수해 버리기도 하고 뱉어버리기도 한다. 여행은 나와 타자, 이승과 저승 사이의 경계를 허무는 이정표이다. 여행에서의 풍경은 시간에 갇혀 있기도 하고 시간을 떠나 있으면서 일순간에 나타났다 사라진다. 나는 오늘도 신새벽에 일어나 어디론가 떠날 꿈을 꾸고 있다.

바람 부는 날, 그 누군가와 무언가가 그리워지면, 나는 언제

나 떠날 것이다. 떠돌이가 되어 프라하로 달려가 카를교를 거닐 것이고, 상트페테르부르크로 가서 레닌의 절망을 바라볼 것이고, 더블린으로 가서 제임스 조이스와 기네스에 취할 것이고, 히말라야를 오르고 갠지스 강을 바라보며 인생을 생각할 것이다. 그들은 나의 아픔이며 그리움이며 희열인 이 지상의 풍경이기 때문이다.

바람의 풍경

제주에서는 끝없이 바람이 밀려왔다 사라진다. 바람은 제주바다와 제주 오름과 한라산이라는 바람의 통로를 넘나들며 세월을 삼키고 사람을 삼키고 사랑도 삼킨다. 긴 겨울이 끝나고 봄이 시작되어도 바람은 쉼 없이 불고 있다. 눈앞에서 펼쳐지는 바람 부는 제주의 풍경은 이 세상 어디에서도 쉽게 보지 못한 것들이었다. 나는 이것을 '바람의 풍경'이라고 명명하고 싶다. 제주는 바람의 나라이고 제주에서는 바람도 풍경이다.

바람의 나라로 들어온 바람은 꽃이 되어 피어나고 물이 되어 흘러내리고 불이 되어 타오른다. 바람의 풍경은 지독한 외로움이며 슬픔이고 형언할 수 없는 희열이기도 하다. 그것은 콜럼버스로 다시 태어난다 해도 찾을 수 없을 고통이며 기쁨이다. 그동안 제주에 미친 수많은 영혼들은 이 바람의 땅에서 아름다운 들꽃이 되어 피고 불꽃이 되어 사그라졌으리라.

제주에서는 삶이 아무리 고달프고 힘들어도 돌아서면 한라산, 또 돌아서면 푸른 바다와 오름이 이 땅에 사는 사람들의 영혼을 달래 준다. 제주 사람들은 바람과 돌과 바다와 오름을 사랑한다. 제주 바다에는 수천 년을 이어온 제주인 특유의 끈질긴 생명력이 깃들어 있다. 눈 시린 푸른 하늘과 조화를 이루며 속이 훤히 다 들여다보이는 투명한 옥빛 바다와 부서지는 파도의 모습은 제주의 바닷가 어디에서나 그려질 수 있다.

제주의 푸른 바다만큼 우리를 미치도록 유혹하는 것은 제주 오름이다. 크고 작은 오름에 올라 바람에 하늘대는 야생화를 바라보며 삶과 인간과 자연의 의미를 생각할 수 있는 것은 제주에서만 가능한 일이다. 오름 한가운데 덩그러니 놓여있는 무덤에서 사람들은 죽음에 대한 절망을 생각하고 삶에 대한 희망을 건져 올린다.

제주 오름에 오르면 말할 수 없음과 표현할 수 없음 같은 속수무책과 속절없음이 나의 가슴을 전율케 하고 황홀케 한다. 이것은 언어로 각인되고 표현될 수 없는 감정들이다. 그럼에도 불구하고 발아래로 아득하게 펼쳐진 분화구를 내려다보고 있으면, 그것은 그대로 즉물적이고 즉각적인 것이 되어 우리네 삶의 모습을 보는 듯하다. 눈앞에 펼쳐있는 저 삶의 흔적은 오랜 세월 동안 이어져 온 풍화작풍 때문이다.

진정으로 아름다운 말은 침묵이듯이, 진정으로 아름다운 길은 보이지 않는다. 길은 보이지 않음을 통해 더 깊은 의미의 사색을 가능케 한다. 갈 길을 가로막는 나무와 숲은 갈 길을 재촉하는 나그네의 조급함에 여유를 주는 한모금의 물과 같은 것이다. 오름에서 허물어져 가는 산담들이 아름답게 보이는 것은 그것들이 이미 인간과 자연의 경계를 넘어서 있기 때문이다. 인간이 만들어낸 문명과 역사가 아무리 위대한 것이라고 하지만, 자연이 창조해 낸 아름다움을 당해 낼 재간은 없다. 오름 속 산담은 제주 사람들의 삶이고 역사이다.

하늘에서 바다에서 제주의 그 어느 곳에서 바라보아도 도처에 오름은 신비로운 여인의 젖가슴처럼 봉곳봉곳 솟아 있다. 제주 사람들은 오름에서 태어나 오름에서 살다가 오름으로 돌아간다. 오름은 한라산과 제주의 푸른 바다만큼 소중한 삶의 터전이며 귀착지이다.

제주의 오름은 바깥에서 바라보면 밋밋한 동네의 야산을 바라보는 듯해서 별다른 느낌을 가질 수 없다. 정상에 올라보면 하나같이 경이롭고 독특한 풍경을 연출하며 보는 이의 감탄을 자아내게 한다. 오름 정상에서 바라보는 오름의 군상, 움푹 파인 굼부리의 다양한 모습, 그 속에서 뛰노는 말과 소, 주위의 섬과 해안선을 바라 볼 수 있기 때문에 사람들은 오늘도 오름에 오른다.

오름은 밤낮으로 바람이 할퀴고 간 언덕이지만 완만한 곡선으로 세상 어느 곳으로도 굴러갈 수 있는 수레바퀴처럼 여유로운 모습을 하고 있다. 세월의 풍상 속에서 상처투성이의 모습을 하고 있지만 모든 것을 다 받아들일 듯이 넉넉하고 둥근 모습이다. 오름은 사랑하는 여인이 수태한 모습과 같다. 세상의 모든 것을 다 안아주고 감싸주는 어머니의 품과 같다.

이 세상의 모든 추한 것을 외면하겠다는 듯 돌아앉은 오름은 유유한 표정으로 땅 위 여기저기 피어난 들꽃과 대화를 나누고 있다. 은하의 물결처럼 반짝이는 억새들은 이 지상의 고통과 배반과 아픈 역사를 만든 인간들을 용서하지 않겠다는 듯이 저희들끼리 서로 다정한 눈길을 주고받고 있다. 자연이 그렇듯 오름도 완벽을 추구하지 않는다. 완벽은 인간의 몫이지 자연의 몫이 아니다. 모든 것을 끝없이 소유해야 하는 어리석은 인간과 달리 자연은 완벽을 바라지 않는다.

인고와 고통의 세월에 눈감고 있는 듯한 자연이 어리석게 보인다면, 그것은 자연을 이해하지 못하는 인간이 어리석기 때문이다. 인간의 눈으로 볼 때에는 자연의 모습이 한없이 어리석어 보이지만 자연은 인간의 지혜를 넘어서 있다. 자연은 자신들에게 닥치는 수난과 고통에 더할 나위 없이 지혜롭게 대처한다. 둥글고 완만한 능선 위로 불쑥 솟아오른 오름의 모습은 한 세월의 삭풍을 다 견뎌내고도 마치 아무 일 없다는 듯이 묵묵히 살아가는 제주할머니의 뒷모습을 닮아있다.

제주의 바다와 오름에는 오늘도 바람이 넘나든다. 사람들은 바다가 돌아오기를 기다렸고 바람이 돌아오기를 기다렸다. 바다는 언제나 살아있었다. 그 바다에는 한많은 세월을 이어온 제주의 끈질긴 생명력이 깃들어 있다. 사람들은 그 바닷가에 망연히 서서 밀려가고 밀려오는 파도를 바라보며 오지 않을 사람과 가버린 세월을 기다렸다. 이 지상의 모든 아름다움은 고통 속에 있었고 희망은 절망 속에 있었다. 제주 사람들은 바람 속에서 밀려왔다 밀려가는 바다를 보며 무한한 생명의 힘을 느꼈고, 오름 한가운데 덩그러니 놓여 있는 무덤에서 삶에 대한 꿈과 사랑을 건져 올렸다.

떠도는 섬

이엿사나 이여도사나 이엿사나 이여도사나
우리 배는 잘도 간다 솔솔 가는 건 솔남의 배여
잘잘 가는 건 잡남의 배여 어서 가자 어서 어서
목적지에 들여 나가자 우리 인생 한번 죽어지면
다시 전생 못하나니라

푸른 물결을 가르며 배가 흘러가는 것을 보고 있으면, 상여꾼의 노래 소리 같기도 하고 어딘가 어촌 마을에서 들려오는 민요 가락 같기도 한 노랫소리가 귓가에 들려온다. 한과 그리움을 달래는 노래 「이어도 타령」은 영원한 이상향에 대한 제주 사람들의 염원을 담고 있다.

이 노랫소리는 어디에서 오는 것인가. 하늘에서 오는 것인가, 저 바다 건너 어느 미지의 땅에서 들려오는 것인가. 제주 사람들은 실체도 없는 이어도를 그리워한다. 사랑하는 자식과 남편이 가고, 결국 자신도 그 뒤를 따라 떠나게 될 섬으로 여겼다. 살아서 되돌아오지 못하지만 사시사철 먹을거리를 걱정하지 않아도 되는 섬이라 생각했던 이어도는 이승의 삶이 지겹도록 고달플 때 편히 쉴 수 있는 안락의 섬이었다. 제주 사람들에게 이어도는 죽음의 섬이면서 한편으론 꿈에도 그리는 구원의 섬이기도 했다. 정말 이어도는 이 지상에서와 같은 고통도 인생의 덧없음도 없고, 가신 임에 대한 그리움도 없는 사랑과 축복이 넘쳐나는 이상향일까.

'이어도'는 제주도 뱃사람들에게 구전으로 전해져오는 피안彼岸의 섬이다. "긴긴 세월 동안 섬은 늘 거기 있어 왔다. 그러나 섬을 본 사람은 아무도 없었다." 이청준의 소설 「이어도」는 이렇게 시작한다. 제주 사람들은 예로부터 이어도라는 섬에 대한 환상을 안고 현실의 어려움을 견뎌 왔다. 아무도 그 섬을 본 사람은 없었다. 그것을 본 사람은 모두 그 섬으로 가 버리고 돌아오지 않았기 때문이다. 섬사람들은 이어도라는 섬을 믿기에 '이어도 타령'을 부르면서 그리움과 고통을 삭여내고자 했다.

인간은 왜 이렇게 끊임없이 이상향을 꿈꾸는 것인가. 피안의 이상향이란 현세의 모든 고난과 슬픔에서 해방된 지극히 아름답고 행복한 축복의 땅이다. 오래전 플라톤이 '이상국가'

를 꿈꾸어 왔듯이, 인간은 '도원경桃源境'과 '천년왕국'과 '유토피아'를 갈망해 왔다. 사람들이 꿈꾸어온 이상향은 신에 의해서 주어질 때에만 가능한 것인가 아니면 인간이 이런 이상향을 만들 수 있을까. 이상향의 실현이란 것이 현실에서 얼마나 가능한 것인가.

이성과 논리를 중요하게 여기는 서구 합리주의는 인간의 정신세계에 자리 잡고 있는 전통적 이상향을 근거 없는 미신이거나 공상이라 생각해 왔다. 하지만 인간의 본원적인 불안과 소외와 고독은 이성이나 지성이라는 척도로만 해결할 수 없는 것이다. 불안과 고독이 원초적이라면 낙원과 이상향에의 꿈 역시 인간의 무의식에 자리한 원초적 지향이라 할 수 있다. 물론 지나치게 낙원만을 꿈꾸는 사람은 때로 몽상에 젖거나 현실 도피적 경향으로 빠질 수도 있다. 반대로 낙원을 지향하는 태도는 인간의 정신을 자극하여 지상의 현실을 개선해내는 힘으로 작용하기도 한다. 이를테면 사회주의와 같은 근대적 이데올로기는 유토피아라는 이상향에 대한 갈망에 바탕을 둔 것이다.

낙원의 존재를 부정하는 근대적 합리주의는 소비와 욕망이 판치는 현대 자본주의 사회에서 새로운 유형의 '가짜 낙원'을 끊임없이 복제해내고 있다. 오늘도 TV를 비롯한 대중매체에서는 온갖 미사여구를 동원하여 삶의 주거인 아파트 광고를 하고 있다. 사람들에게 화려하고 편리하고 안락한 아파트는 바로 새로운 낙원이다. 광고는 우리에게 어서 이 낙원으로 오라고 손짓한다. 우리가 꿈꾸는 이상향을 밀어내고 그 자리에 괴물과 같은 새로운 낙원을 구축하고, 소수를 위해 다수가 희생되고 자연을 착취하는 그런 낙원이 들어선다.

자본과 욕망이 득세하는 '가짜 낙원'이 아니라 사랑과 평등이 넘치는 '이상향'이 조금씩이나마 실현될 때 삶은 보다 나아지는 것이 아닐까. 그리하여 '잃어버린 낙원'이 회복될 때 인간의 존엄성과 생명의 가치는 지켜질 수 있다. 우리에게 드리워진 눈에 보이지 않는 사회적 힘은 자유롭고 평화롭고 행복한 개인으로 살지 못하게 한다. 이 거대한 힘은 존재의 날개를 땅으로 끌어내려 바퀴벌레나 개미처럼 굴욕적으로 만들기도 하고, 때로는 개와 늑대같이 험악하게 만들기도 한다. 인간은 온갖 탐욕과 억압과 폭력 속에서 시달리며 고통받고 있다.

그래서 인간은 오늘도 끊임없이 바다로 떠나가고 하늘로 날아가고자 한다. 신화 속 이카로스처럼 인간은 자유의 날개를 펼치고 낡은 이 땅을 떠나 새로운 시작의 땅으로 달아나고자 한다. 이상향은 '꿈꾸는 자'의 세계이다. '다음, 저기에서'의 행복을 위한 약속이 아니라 '지금, 여기에서'의 행복을 꿈꾼다. 일상의 삶이 아무리 힘들고 어려울지라도 우리가 찾아갈 수 있는 새로운 세상에 대한 희망과 꿈이 있기 때문에 우리는 존재할 수 있다. 유토피아란 말 그대로 '어디에도 없는 곳'인지 모르지만, 그곳이 존재하리라 믿고 언젠가는 갈 수 있을 것이라고 믿기 때문에 오늘의 이 고단한 삶을 견뎌내며 살아갈 수 있다. 우리가 꿈꾸는 이상향은 어디에서 어떤 모습으로 다가올까.

오늘도 이어도를 그리며 제주 바닷가에 망연히 서 있다. 멀리 전설의 섬 이어도가 나타났다 사라진다. 저 섬에서는 이 지상에서와 같은 고통과 슬픔과 이별은 없을까. 우리네 인생도 영원으로 이어질 수 있을까.

이엿사나 이여도사나 이엿사나 이여도사나
우리 배는 잘도 간다.

라싸에서 말하다

라싸공항에서 시내로 들어오는 길에 깨끗한 공기와 강, 푸른 하늘을 바라보면서 경탄의 소리를 질렀다. 티베트 고원에 위치한 라싸는 표고 3,650m나 되어서 사람들은 공항 트랩을 내리면서부터 숨이 차다는 것을 느끼게 된다. 티베트어로 '신의 땅'이란 의미를 지닌 라싸는 현재는 중국 티베트자치구의 구도區都이다. 1300년의 역사를 가진 고도 라싸는 티베트의 정치·경제·종교의 중심지이다.

티베트의 다른 지역과 마찬가지로 라싸도 연교차보다 일교차가 더 커서 그곳에서 하루를 보낸다면 아마도 하루 사이에 사계절을 다 볼 수 있을 정도였다. '태양의 도시'라는 별칭답게 라싸의 일조시간은 다른 지역보다 특히 길다. 해가 뜬 이후 거의 내내 내리쬐는 강렬한 태양열 때문에 순식간에 피부와

입술이 말라 왔다.

라싸는 처절할 정도로 아름다운 곳이다. 살을 태울 듯이 파고드는 강렬한 햇살과 밤이 되면 금세 얼굴에 쏟아질 것 같은 별들은 장엄한 포탈라 궁을 더욱 눈부시게 한다. 라싸에 머무는 동안 포탈라궁의 장엄하고 신비로운 모습은 나의 밤잠을 설치게 했다. 오래된 게스트 하우스에서 여행의 상념에 휩싸여 잠을 이루지 못하며 뒤척이고 있을 때, 달라이 라마가 꿈결에 나타나 준엄한 얼굴로 "지금 포탈라궁으로 달려가 그 모습을 보라."라고 소리쳤다. 잠자리에서 떨쳐 일어나 포탈라궁으로 달려갔을 때, '포탈라'(티베트어로 '성지聖地')는 그곳에 깨어 있었다. 하늘의 별을 머리 위에 가득 이고 지상의 모든 사람들이 잠든 새벽의 고요와 정적 속에서 신비를 머금은 채 장엄하게 거기에 서 있었다.

포탈라궁은 티베트의 우울한 역사와 명멸을 같이해 왔다. 코발트빛 하늘과 금빛 찬란한 지붕들이 어우러져 장관을 이루는 이곳은 영화 「티베트에서의 7년」에서도 묘사되고 있듯이 바로 14대 달라이 라마가 어린 시절 구식 망원경으로 티베트 사람들의 삶을 엿보곤 했던 곳이기도 하다. 달라이 라마가 망원경으로 내려다보던 시절의 라싸와 달리 이제 이 땅은 중국의 것이 되어 버렸고, 정신마저도 거의 중국화 되어 버렸다. 시가지를 내려다보면서 나그네는 멈출 수 없는 세월과 역사의 흐름에 묘한 분노를 느끼게 된다.

포탈라는 지상의 모든 성聖과 속俗을 한 몸에 안고 있었다. 금방 쏟아져 내릴 것 같은 별들과 교교한 달빛 아래에서 신비롭게도 사방의 어둠과 조화를 이루며 검은색에서 자주색으로 다시, 흰색에서 붉은색으로 변화되어 가고 있었다. 포탈라는 단순한 건축물이 아니었다. 거기에는 사랑과 평화의 정신이 담겨 있었다. 그것은 바로 티베트 사람들의 아름다운 영혼의 모습이기도 했다. 포탈라의 머리 위에서 별들이 하나 둘씩 사라져 가기 시작하고, 새벽 여명이 다가올 때까지도 나는 그곳에서 망연히 서성대며 떠날 수가 없었다.

그러나 라싸는 더럽고 지저분한 곳이다. 거리에는 매연과 소음이 가득하고, 뒷골목 곳곳에는 온통 오물과 쓰레기가 쌓여 있다. 사람들의 얼굴은 야크 버터 기름에 절어 평생 한번도 세수를 하지 않은 것 같은 검은 모습이다. 그들은 색깔을 분간할 수 없을 정도로 찌든 옷을 입고 꼬질꼬질한 마니차(티베트 불교의 경문이 들어있는 신앙 도구)만 열심히 돌리며 다닌다. 티베트 사람들은 가난에 찌든 얼굴을 하고 있지만 자신들의 가난을 미워하지 않는다. 티베트를 진정으로 아름답게 해주는 것은 티베트 사람들의 영혼과 그들의 삶이다. 그들은 최소한의 물질로서 삶을 영위해 나가고 있지만 자신들의 영적인 삶에 대한 존엄을 지니고 있다. 그들은 욕망과 소유에 근거한 문명의 삶을 멀리하고 있지만, 티베트 사람들의 삶에는 영혼의 풍요로움이 담겨 있는 듯했다. 원래 그들은 유목생활을 하며 자연 속에서 먹을 것을 구하고 공동체적인 인간적 연대 속에서 삶을 영위하는 무소유의 삶이 기본적 삶의 태도였다. 아직도 그들에게는 적어도 인간과 인간, 인간과 자연 사이의 평화롭고 풍요로운 관계가 살아 있었다.

진정으로 아름다운 삶이란 무엇인가. 정신과 영혼 없이 물질적 풍요로움만을 누리는 것이 아름다운 삶인가. 문명과 자본은 끊임없이 세계를 정복하고자 하고, 물질은 인간을 온갖 욕망에 사로잡히게 해서 사회적·인간적 재앙을 낳고 있는 것은 아닌가. 자본주의 삶의 체제에서 인간은 얼마나 많은 욕망에 사로잡혀 노예가 되고 있는가. 권력에 대한 욕망, 돈에 대한 욕망, 육체에 대한 욕망…. 그러나 티베트 사람들은 이 같은 욕망으로부터 자유로웠다. 티베트 사람들에게서는 '가난의 아름다움'이 일상적으로 우러나고 있었다. 그들에게는 물질에 대한 탐욕도 소비와 향락에 대한 욕망도 없었다. 눈만 뜨면 소비와 소유와 향락만을 추구하는 자본주의적 삶의 방식에 깊게 물들여진 우리의 삶 속에 때로 가난이 아름답게 여겨질 수는 없을까. 티베트 사람들의 맑은 영혼을 바라보면서 자본주의의 정점에서 날아온 나그네의 마음은 내내 편치 못했다.

티베트 사람들은 언어로 말하는 것이 아니라 표정으로 말한다. 외지인들이 "타쉬탈레(안녕하세요.)" 하고 인사를 해도 그들은 그저 이빨을 드러내며 싱긋 미소를 지을 뿐이다. 티베트 사람들의 그 미소 속에는 깊은 삶의 무게와 가슴 저 속에서 우러나는 영혼이 담겨 있다. 티베트에 머무는 동안, 내가 그들에게 더욱 가까이 다가갈 수 없었던 것은 언어가 통하지 못했기 때문이 아니라 아름다운 영혼을 읽어낼 수 있는 따뜻하고 순수한 가슴이 없었기 때문이었다. 그 막막함이 라싸의 밤을 보내는 나그네의 마음을 더욱 슬프게 했다.

이제 곧 날이 밝으면 라싸를 떠나야 한다. 티베트가 아름다운 것은 포탈라궁과 조캉사원, 얄룽창포강과 에베레스트산이 있었기 때문만은 아니었다. 티베트는 끊임없이 인간과 삶의 의미를 명상케 했다. 또한 그곳에는 현재와 미래가 송두리째 없어진다 해도 해결되어야 할 과거의 역사가 있었다. 티베트와 티베트 사람들은 우리들이 오랫동안 잊고 지내왔던 삶에 대한 소중한 일깨움을 주었다. 물질과 문명이 없어도 인간은 아름다운 삶을 누릴 수 있다는 것을, 삶이 진정으로 위대하고 아름다운 이유는 평화와 사랑이 있기 때문이라는 것을, 몸과 마음의 상처를 치유하는 것은 약이 아니라 순수하고 따뜻한 영혼의 힘이라는 것을.

티베트에서의 여정은 단순한 여행이 아니었다. 티베트의 삶과 인간과 역사를 깊은 심연으로부터 들여다보고 확인하기 위한 순례길이었다. 역사와 철학과 종교에 대한 깊은 명상이 없어도 좋았다. 티베트 사람들의 순수한 눈망울과 표정, 오염되지 않은 들꽃과 바람과 새벽 사원이 있어서 좋았다.

타클라마칸의 달

실크로드는 중국 서안西安에서 터키 이스탄불까지 장장 1만 2000㎞에 이른다. 나는 서안에서 돈황, 천산북로를 거쳐 천산남로, 알마티에서 우루무치, 이스탄불을 위시한 터키 땅 전체를 여러 해에 걸쳐 드나들면서 실크로드가 인간의 삶의 운명과 닮았다고 생각했다. 실크로드에는 삶과 죽음이 있고, 만남과 이별이 있고, 눈물과 기쁨이 있다. 살아 있는 한 떠나야 하고 또 세월이 흘러 떠난 길에서 돌아오지 못하는 인간의 운명과 같이, 많은 사람들은 그 길을 향해 떠났고 영영 돌아오지 못했다. 남은 사람은 떠나는 사람을 슬퍼하고 돌아오지 않는 사람을 그리워했다.

역사상 최초로 실크로드의 여행에 나선 사람은 장건이라는 모험심 많은 중국의 젊은이였다. 한漢 무제武帝의 명령으로 비밀 임무를 띤 이 젊은이는 당시로서는 도저히 불가능한 실크로드 여행을 감행했다. 비록 그의 목적은 실패로 끝났지만 역사상 실크로드 여행의 첫 걸음을 시작하게 되었다는 점, 그리하여 중국이 유럽을 발견하고 실크로드가 탄생하는 계기가 되었다는 중요한 의의를 지닌다. 장건 이후로 수많은 사람들이 사업과 종교와 탐험을 위해 한번 들어가면 다시는 나오지 못한다는 타클라마칸사막을 넘어 실크로드로 갔다.

실크로드에서 생명을 부지할 수 있는 것은 군데군데에 흩어져 있는 오아시스 때문이다. 높은 산맥들의 만년설이 녹아 흘러내린 물이 만들어 내는 오아시스는 실크로드 사람들이 잠시 쉬어가는 곳일 뿐만 아니라 그 자체가 생명의 원천이다. 많은 세월에 걸쳐 상인이나 순례자와 군인의 행렬은 오아시스를 찾아 길을 잃고 헤매다 그들의 뼈를 사막 한가운데에 이정표로 남기곤 했다. 신기루는 실크로드를 지나는 사람들에게 가장 위험한 적이다. 애타게 찾는 오아시스가 눈앞에 보이지만 가까이 가서 보면 사라지고 없다. 실크로드를 지나는 사람들에게 신기루는 생명을 앗아가는 귀신이다.

많은 사람들이 신기루에 홀려 사막의 지평선 속으로 사라졌다. 얼마나 샘이 그리웠으면 물을 찾아 이글거리는 사막의 한가운데로 달려갔을까. "아무리 주위를 둘러보아도 인적은 물론 하늘을 나는 날짐승도 없는 망망한 천지가 벌어지고 있을 뿐이다. 밤에는 도깨비불이 별처럼 휘황하고 낮에는 모래바람이 모래를 휘몰아와 소나기처럼 퍼부었다.” 그 옛날 실크로드를 다녀간 현장법사의 말 그대로다. 사랑의 갈증에 목마른 연인들이 환상과 몽환에 시달리는 것같이 사막의 신기루는 아무리 잡으려 해도 두 손에 잡히지 않는다.

멀리 천산산맥의 만년설은 하늘 위에 떠있다. 사막에서는 뜨거운 지열이 뿜어져 나오고 있지만 열기의 아지랑이 사이로 아스라이 보이는 만년설은 하얀 피부를 드러낸 채 침대 위에 길게 드러누운 여인의 나신裸身 같다. 사막의 신기루처럼 접근을 거부한 채 인간들을 내려다보며 그녀의 도도한 품에 안기라고 유혹하고 있다. 천산산맥의 만년설은 잡힐 듯 눈앞에서 어른거리고 있지만 오아시스와 마찬가지로 닿기 힘들다.

내일에 대한 희망이 있기 때문에 힘겨운 삶을 하루하루 참고 살아가듯이, 실크로드를 지나가는 사람들은 죽음의 사막 속을 관통해 가야 한다. 그들이 끝없는 고통 속에서도 발걸음을 떼어 계속 나아갈 수 있는 것은 오아시스에 대한 희망이 있기 때문이다. 기나긴 인내를 참고 마침내 초원과 오아시스에 도착해서 목을 축이고 휴식을 할 수 있다. 오아시스는 희망이지만 고통이며 시련이기도 하다. 그들은 오아시스와 초원에 오랫동안 머물 수 없다. 며칠만 한곳에 머물면 낙타와 말들은 더 이상 움직일 생각을 하지 않고 오랫동안 주린 배를 채우기 바쁘다. 그들이 뜯어먹을 풀들은 금세 바닥난다.

실크로드는 언제나 순결하고 깨끗하다. 실크로드의 길은 끝없이 이어져 있지만 때로 티끌 한 점 없이 맑고 가지런하다. 오늘 길 위에서 죽으면 늑대들이 큰 살점을 먹어치우고, 내일은 독수리나 까마귀들이 남아 있는 살점을 먹어치운다. 글피쯤엔 사막을 불태우는 인정사정없는 태양이 훌륭한 정화작용을 해서 깨끗한 백골만 남겨두게 된다. 삶의 흔적으로 남은 백골은 다음 여행객들의 이정표가 된다. 이 불모不毛의 순수 앞에 인간의 생명이란 한 자락 바람, 한 톨의 모래와 같다.

불모의 도시 속에서도 인간은 살아남았고 도시를 만들고 문명을 꽃피웠다. 실크로드의 끝없는 사막의 길을 따라가는 동안 사막위에 세워졌다 사라졌을 수많은 도시를 만나게 된다. 그 중에는 '누란樓蘭'처럼, 이름조차 슬픈 사연을 담고 있는 사라진 도시는 어둠 속에서 보석 같은 광채를 띠며 살아있다. 죽음의 모래사막을 관통하면서 이 사막에 도시를 만든 사람들은 누구이고, 도시는 어떻게 명멸하게 되었을까 하는 생각에 사로잡히곤 하였다. 누란같이 슬픈 공주의 미라만 남기고 이제는 사막의 모래바람 속에 흔적도 없이 사라져버린 도시가 있는가 하면, 둔황이나 투루판처럼 마치 죽음의 바다 위에 떠있는 환상의 섬과 같은 도시도 있고, 맑은 물과 아름다운 꽃이 지천으로 피어있는 아름다운 도시도 있다. 도시는 인간 삶의 흔적이자 문명의 흔적이다.

실크로드에서 인간은 머나먼 길을 보게 되고 그 길을 걷게 된다. 흔들리는 자동차에 몸을 싣고 실크로드를 달리고 있으면, 차창 밖 좌우로는 끝없는 사막길이 이어질 뿐이다. 삭막하고 황량한 들판과 지평선은 저 멀리 아득하게 물러나 있고, 지금 나를 태우고 달리는 자동차만이 사막의 한가운데를 미끄러져 가고 있다.

이승에서 저승으로 이어지는 길, 이 지상의 삶에서 저 영원의 삶으로 이어지는 길, 인간은 아무도 함께 갈 수 없는 머나먼 길 위에 혼자 외로이 서 있다. 그 길은 너무나 고독하고 외로운 길이어서 누군가와 있어도 함께 있다고 생각할 수가 없다. 실크로드에서 '우리'는 없다. 실크로드에서는 언제나 혼자 일 뿐이다. 아, 멀고도 아득한 실크로드의 지평에 서서 끝없는 사막과 바람 속을 헤매며 오아시스를 찾아 나는 걷고 또 걸었다. 실크로드의 길은 끝이 없었다. 그 위에 타클라마칸의 달만 외로이 떠 있었다.

바라나시 가는 길

나는 지금 바라나시로 간다. 육신의 해탈과 영혼의 초월이 이루어진다는 갠지스강이 있는 바라나시로 간다. 지난밤 릭샤의 벨이 울려 퍼지는 인도의 어둠의 도시를 배회하는 꿈을 꾸면서 밤새 잠을 이룰 수 없었다. 인도의 거리 곳곳에서는 릭샤와 소 떼들과 인파가 뒤섞여 아비규환을 이루고 있었고, 나는 그 속을 이리저리 방황하면서 절규하고 있었다.

밤새 뜬눈으로 새우게 했던 악몽은 바라나시로 향하는 열차를 타기 위해 뉴델리역으로 왔을 때 눈앞의 현실로 다가왔다. 역에는 수많은 걸인들과 인파와 소 떼들이 뒤엉켜 아마도 연옥이나 지옥이 존재한다면 이러한 모습이 아닐까 하는 생각을 자아내게 했다. 40도를 오르내리는 더위 속에 연신 흘러내리는 땀, 한 걸음의 발자국도 옮기기 힘들게 손을 내밀며 엉겨

붙는 앵벌이 거지 아이들, 열차가 오가는 플랫폼을 달려가는 수많은 인파들에 차여 가며 낮잠을 자다가 행인들의 발길에 밟혀 눈물을 흘리고 있는 노파, 남루한 옷차림으로 가슴과 성기를 거의 다 드러낸 채 젖먹이 아이를 가슴에 안고 한푼의 돈을 구걸하고 있는 여인, 나는 이런 광경을 한참 동안 바라보다가 나도 모르게 역사驛舍의 어느 모퉁이에 기대어 갑작스레 눈물을 터뜨리고 말았다. 그것은 우리네 삶과 인간에 대한 깊은 연민의 눈물이기도 했고, 분노와 절망의 눈물이기도 했다. 저 가슴 밑바닥으로부터 오랫동안 참아왔던 눈물이 끝없이 펑펑 쏟아져 나왔다.

"아, 신이여! 이 가난과 무지한 인간의 생존과 몸부림을 어이할 것입니까. 정녕 당신이 존재하신다면 어이하여 이들을 이렇게 내버려두고 계십니까."

델리역을 떠난 야간열차는 어둠을 뚫고 바라나시로 향해 달리고 있었다. 기차여행을 해보지 않고는 여행을 말하지 말라고 했던가. 인도 여행의 진수는 기차여행이다. 언제부터인가 야간열차를 타고 인도 대륙을 횡단하는 꿈을 꾸어 왔다. 이제 그 꿈이 실현되어 어둠이 가득 찬 인도 대륙을 관통하는 열차에 몸을 싣고 이리 저리 흔들리고 있는 것이다. 기나긴 여행의 외로움과 고독함이 뼛속까지 사무쳐 왔다. 이제 나는 바라나시로 간다.

바라나시에서 모든 시간의 흐름은 끝없는 윤회로부터 해탈로 이어진다. 많은 사람들은 시간의 윤회로부터 해탈을 얻기 위해 오늘도 강가(인도 사람들은 갠지스를 강가라고 부른다.)로 강가로 모여든다. 사람들은 강가의 성스러운 물에 목욕을 하면 영혼의 죄가 씻기고, 이곳에서 죽어 그 재를 강가에 흘려보내면 해탈과 초월을 얻는다고 믿는다. 오늘도 수많은 인도 사람들은 자신들의 영혼의 죄를 깨끗이 씻기 위해서 강가에 모여들어 목욕을 하고, 가트에서는 죽은 시신들이 화장된다. 그들은 바라나시로 와서 죽지만 다시 태어나기를 바란다.

바라나시에서는 삶과 죽음이 공존한다. 온몸을 주홍색 천으로 감싼 시신들이 대나무 들것에 실린 채 옮겨지는 풍경에서는 그야말로 삶이 곧 죽음이었고 죽음이 곧 삶이었다. 죽은 자의 시신을 옮기는 살아 움직이는 자와 죽어서 침묵하는 자의 현세와 내세는 바라나시에서 공존하고 있었다. 힌두교인들은 매장을 하지 않고 나무를 이용하여 화장을 한다. 갠지스 강가의 화장터에서는 거의 언제나 힌두교도들의 장례식이 치러진다.

이른 새벽, 화장터가 있는 가트를 찾았을 때 그곳에서는 지난밤에 화장된 주검의 흔적과 냄새가 구토를 자아내게 했다. 밤을 새워 시체를 태운 매캐한 냄새 속에서 어느 사내는 검게 탄 주검을 나무막대기로 뒤집어 가며 무언가를 찾고 있었다. 그 옆에서는 이른 아침부터 또 다른 장례식이 준비되고 있었다. 화장 순서를 기다리는 여러 구의 시신들 중에서 맨 앞의 시신이 장작더미 위에 올려지고 마침내 시신에 불을 지핀다.

갠지스에는 삶과 죽음이 공존하고 있었다. 바라나시와 갠지스에서 이루어지는 화장의식에서는 죽음과 삶의 경계가 사라지고 없다. 삶이 무엇이고, 죽음은 무엇인가. 바라나시의 이 지독한 삶과 죽음의 혼돈 속에서, 장작 위에서 타오르는 시신을 바라보고 있으면 삶은 곧 죽음의 다른 말이라는 생각이 절로 들었다. 인도에서의 여행은 끊임없이 아름다운 풍광에 대한 감탄보다는 삶과 존재에 대한 의문을 되풀이하게 했다.

도대체 나는 누구인가, 어디서 왔으며 어디로 가는 것인가. 갠지스 강가의 찬 새벽공기를 맞으며 웅크리고 앉아 있는 내 곁에 할아버지 한 분이 다가와 앉았다. 그는 내 곁에 바싹 다가 앉아 조그만 시바상을 움켜쥔 손을 내밀며 내 손을 꼭 움켜쥐었다. 들릴 듯 말 듯 속삭이는 목소리로 인간의 삶은 고해의 바다이며 강가에서 지상의 모든 업보는 사라질 수 있다고 말했다. 할아버지의 맑은 눈을 바라보며 갑작스레 이분이 나에게 어떤 깨달음을 전해주기 위해 온 성자가 아닌가 하는 생각이 들었다. 할아버지의 떨리는 목소리와 눈길을 잊을 수가 없다. 그는 강가의 기슭으로 완전히 사라질 때까지 계속 손을 흔들며 작별을 고했다.

어느새 갠지스에는 날이 밝아 오고 있었다. 어둠이 지나면 빛이 나타나듯이, 죽음 뒤에 또 다른 생명의 탄생이 있듯이, 가트에서도 해가 솟아오르고 있다. 동이 터오는 갠지스강에는 몸을 씻음으로써 축복을 받고자 하는 사람들로 가득했다. 어둠 속의 검은 강물이 아침 햇살을 받아 어느새 주홍색으로 변해 간다. 떠오르는 해를 보면서 무언가를 소원하는 노인과 강물에 꽃잎을 던지는 아낙네들이 갠지스의 성스러운 물에 몸을 적시며 자신들의 죄를 씻고 있었다. 붉게 타오르는 물속에서 목욕을 하며 자신들의 옷을 빠는 사람들이 있는가 하면, 다른 한쪽에서는 강물을 마시는 사람들도 있다.

이 모든 모습들이 한편 인간세계에서 일어나는 가장 고귀한 의식儀式으로 보이기도 했고, 다른 한편 이성과 사고를 상실한 인간들의 광란의 몸부림으로 보이기도 했다. 가트에서 화장을 기다리는 또 다른 주검, 물 위에 떠다니는 버려진 시체와 꽃잎들, 그 속에서 목욕을 하는 사람들, 저 멀리 갠지스의 끝자락에서 떠오르는 태양을 향해 주문을 외기 시작하는 순례자들, 이들의 영혼과 육신은 갠지스강에 흩어져 떠다니는 꽃잎과 함께 흘러 하늘나라로 갈 수 있을까. 갠지스강에서의 목욕으로 지상에서 지은 모든 죄가 사해질 수 있을까. 육신이 한줌의 재가 되어 갠지스에 뿌려진다 해도 지상의 모든 업보를 해탈하고 영원으로 초월할 수 있을까.

주홍빛을 띠던 갠지스는 금세 오염된 황톳빛 탁류로 변해 갔다. 가트들 사이에서 황혼이 지면 갠지스에는 석양이 다가오고 또 하루가 지나가게 된다. 참담하게 이어지는 인간의 삶과 죽음을 아는 듯 모르는 듯 갠지스의 강물은 유유히 흐른다. 어디에선가 애절한 힌두음악이 들려온다. 길 떠나는 자여, 그대는 오늘도 무엇을 찾아 떠나고 있는가.

수천 년의 역사와 인간의 숨결을 간직하고 흐르는 어머니의 강, 갠지스! 노을 지는 갠지스 강가에서 보트를 빌려 강에 띄워 놓고 노을이 지기를 기다려 본다. 서서히 붉게 물들어 가는 갠지스는 너무나 아름답다. 핏빛어린 강물 위에 꽃잎과 촛불을 띄워 보낸다. 황혼은 순식간 속에 사라지고 갠지스에는 다시 어둠이 내리고 있다. 사람들이 돌아온 집에는 점점이 등불이 켜지고, 인도에서의 하루도 저물어 간다. 조금 전 띄워 보낸 꽃잎과 촛불도 저 멀리 사라져 가고 있었다.

내가 시베리아로 떠난 이유

시베리아횡단열차를 타고 러시아 전체를 여행하는 동안 내내 흥분과 긴장을 감출 수 없었다. 그동안의 거듭된 역마살 덕분으로 이제는 웬만한 여행에는 큰 흥분을 느끼지 않는 터이지만 러시아와 시베리아 여행은 달랐다. 이 여행은 바로 이제 우리들의 눈앞에서 사라진 '유령'의 그림자를 찾아 나서는 길이었기 때문이다. 흡사 그것은 학창시절 어디선가 어렵사리 구한 마르크스와 레닌의 불온한(?) 이념서적을 가슴에 품고 하숙집에 몰래 들어와 어둠 속에서 밤새워 읽던 암울하던 시절의 기억을 다시 떠올리는 느낌이었다.

시베리아횡단 여행은 길고도 힘든 아득한 길이었다. 블라디보스토크에서 모스크바까지는 무려 9,288 킬로미터인데, 블라디보스토크에서 출발해서 6박7일 동안 꼬박 계속해서 달리면 마침내 모스크바에 이르게 된다. 물론 여행을 목적으로 할 경우, 중간 중간 크고 작은 도시에 내려 며칠씩을 보낸 후에 다시 달리기를 거듭하지만, 어쨌든 시베리아횡단 여행은 대장정大長征의 길이 아닐 수 없다. 나는 시베리아횡단열차를 타고 블라디보스토크에서 모스크바까지, 다시 상트페테르부르크까지 길고 긴 여행을 통하여 페레스트로이카(개혁) 이후 엄청나게 변모된 러시아의 참모습을 글과 말을 통해서가 아니라 직접 눈으로 확인해 보고 싶었다. 무너진 구소련의 역사와 공산주의 이데올로기의 실체와 러시아의 인간과 삶을 직접 확인하기 위해 나는 그 길고 긴 여행을 떠났다.

시베리아횡단열차에서는 우리들의 모든 일상의 시간이 멈추어 버린다. 물리적으로는 블라디보스토크와 모스크바 사이는 일곱 시간의 시차가 난다고 하지만, 계속되는 열차의 질주와 이어지는 차창 바깥풍경 속에서 시간은 아무런 의미가 없어진다. 그저 배가 고프면, '아, 이제 끼니때가 되었구나.' 생각하고, 밖으로 어둠이 깃들기 시작하면 '저녁이 가까워졌구나.' 하고 느낄 뿐이다. 쉼 없이 시계를 들여다보면서 무언가에 쫓기는 도시의 일상생활에 비하면 완벽한 권태의 나락에 떨어져 배고프면 먹고, 기차의 흔들림과 함께 흔들리다 잠이 오면 잠자고 그야말로 노자老子의 '무위無僞'의 경지에 이르게 된다. 이 층침대에 누워 무위의 상태에 빠져 있는 나의 귓가에 어디선가 노자의 설법이 들리는 듯하다. "천지만물은 유에서 생겨나고,

유는 무에서 생겨난다.” 노자에 의하면 만물은 모두 장대하게 생성하지만 최후에는 모두 그것들이 본원인 무로 돌아간다. 만물의 근원인 듯 텅 비고 고요한 시베리아 들판의 공간을 횡단열차는 간혹 깊은 호흡을 토해내며 끝없이 달린다.

시베리아횡단열차에서는 모든 것이 정지된 듯하지만, 모든 것이 살아 움직이는 공간이다. 사고思考와 풍경만 살아 움직이는 것이 아니라 사람들도 살아 움직인다. 어딘가 먼 길을 떠나는 나그네들의 긴장과 흥분과는 달리 이곳은 러시아인들의 역동적이고 치열한 삶의 공간이다. 횡단열차 속에서 우리는 러시아 사람들의 때로는 삶에 지친 표정과 때로는 앞날에 대한 희망과 절망을 보게 된다. 페레스트로이카 이후로 더욱 어렵고 힘겨워진 러시아 사회와 관리들의 나태함과 무책임에 대해 두 주먹을 쥐고 분개하는 세르게이, 앞날에 대한 기대에 찬 표정으로 새로운 일자리를 얻기 위해 모스크바로 가는 블라디미르, 싱가포르 조선소에서 몇 년 동안의 힘겨운 노동 끝에 적잖은 돈을 벌어 고향으로 돌아가는 알렉세이, 이제 갓 두 돌이 지난 어린 자식의 손을 잡고 남편을 찾아 가는 나타샤, 자식의 보다 나은 교육을 위해 수십 개의 크고 작은 이삿짐을 힘겨워하지 않는 이리나….

내가 시베리아횡단열차를 타고 대장정의 여행을 하고 있다고 말하자, 엄지손가락을 내밀며 ‘원더풀’을 연발한다. 러시아 사람들도 이 같은 여행을 감히 엄두조차 내지 못하는데 어찌 이런 여행을 하느냐고 너스레를 떤다. 보드카의 술기운과 함께 서서히 주기가 오른 세르게이는 암울한 러시아 사회이지만 아직 희망이 있다고 목소리를 높이기 시작했다. 술이 거나하게 된 우리들은 함께 어깨동무를 하고 나의 선창으로 몇 년 전 한국에서 방송된 인기 드라마 「모래시계」의 배경 음악인 러시아 민요 「백학」을 같이 불렀다. 술기운으로 얼굴이 붉게 물든 세르게이는 더욱 신이 나서 우리 귀에도 익숙한 러시아의 민요 「백만 송이의 장미」를 신나게 불러댔고, 카트린은 애잔한 목소리로 「안녕, 내 사랑」이라는 연가戀歌풍의 처음 듣는 러시아 민요를 불렀다. 간혹 식사나 술을 마시러 온 사람들도 같이 어울려 박수를 치고 노래를 불렀다. 흔들리는 시베리아 횡단열차에서 우리들의 사랑과 우정은 창밖 저 멀리에서 간혹 나타났다 사라져 가는 불빛같이 명멸하고 있었다.

이들과 마주 앉아 함께 호흡하고 대화를 나누며 '아! 이제 이 지상에서 공산주의라는 유령은 정말 사라졌구나.' 하고 탄식하며 주저앉았다가, '아니다. 유령은 아직 사라지지 않았다. 유령은 다시 살아 돌아올 것이다.'는 생각을 하며 떨쳐 일어나기도 했다.

시베리아횡단 여행에는 이데올로기와 역사에 대한 명상만 존재했던 것은 아니다. 환상적인 아름다움과 황홀한 낭만과 러시아 사람들의 뜨거운 입김이 있었다. 사람의 발길이 닿지 않은 눈보라치는 자작나무 숲속을 「닥터 지바고」의 라라와 함께 달려가는 꿈을 꾸었고, 어딘가로 열차를 타고 떠나는 러시아 친구와 함께 밤새워 보드카를 통음하며 이 고단하고 힘겨운 삶을 타령하기도 했다. 열차 밖으로 끝없이 펼쳐진 저 미지의 대륙 어딘가에서 데카브리스트들과 함께 그동안 꿈꾸어 오던 천년 왕국을 건설하는 환상에 사로잡히기도 했다. 마린스키 발레단의 아름다운 몸짓은 나를 희열에 떨게 했고, 도스토옙스키의 「죄와 벌」의 주인공 라스콜리니코프와 함께 이 우울한 삶의 어둠과 절망을 이야기하였다.

시베리아횡단열차는 우리들의 모진 삶을 이어가게 하는 생명줄 같은 것이었다. 때로 끝없는 무위와 몽환에 사로잡히기도 했지만, 눈을 뜨면 또 한 끼의 끼니를 걱정해야 하는 치열한 현실이 거기에 있었다. 시베리아횡단열차를 통한 긴긴 러시아 여행은 아득하고 힘든 우리네 삶의 도정과 같았다. 거기에는 희망과 절망이, 슬픔과 기쁨이, 만남과 이별이 있었다.

■ 작가 약력

○ 대구에서 출생

○ 『오늘의 문예비평』 『녹색평론』 『문학과 사회』 등에 평론을 발표하면서 평론 활동 시작

○ 정지창(영남대 독문학), 서경석(한양대 국문학), 홍승용(대구대 독문학), 이강은(경북대 노문학)과 같은 진보적인 문학평론가들과 『문예미학』을 창간하고 편집위원을 지냄

○ 문학평론집 『문학과 변증법적 상상력』, 『현대문학비평이론』, 『오디세우스의 귀환』, 『존재와 초월의 미학』, 『프로메테우스의 언어』, 영화평론집 『우리 시대 최고의 영화』, 산문집 『오디세우스의 유랑』, 『시베리아는 눈물을 흘리지 않는다』, 『실크로드의 지평에 서서』, 『타클라마칸의 달』, 『바람의 풍경－제주의 속살』, 『지상의 풍경』, 번역서 『생명의 불꽃, 사랑의 불꽃－D.H. 로렌스의 에세이』, 『문학이론』 등 발간

○ 『수필과비평』, 『에세이문학』, 『에세이포레』, 『에세이피아』, 『에세이스트』, 『에세이문예』, 『선수필』, 『좋은수필』 등에 다수의 수필과 수필평론 발표

○ 『문학과 사회』, 『20세기 영국소설』 등 다수의 학술서적

발간

○ 신곡문학대상, 한국에세이평론상, 한국에세이문학상을 수상

○ 문학평론가 · 수필가 · 칼럼니스트로 활동하고 있으며, 현재 영남대학교 영어영문학과 교수로 재직 중

현대수필가 100인선II· 34
허상문 수필선

낙타의 눈물

초판인쇄 | 2017년 10월 20일
초판발행 | 2017년 11월 05일

지은이 | 허상문
펴낸이 | 서정환
펴낸곳 | 수필과비평•좋은수필사

주소 | 서울시 종로구 삼일대로32길 36
(익선동 30-6)운현신화타워 305호
전화 | 02)3675-5635 063)275-4000
등록 | 1984년 8월 17일 제28호
홈페이지 | http://www.shinapub.com
e-mail | essay321@hanmail.net
| bestessay@hanmail.net

값 8,000원

ISBN 978-89-5925-364-7 04810
ISBN 978-89-5925-247-3 (전 100권)